[e life]

守護教養法

不否定、不過度給予、不焦急，日本教育專家教你養出聰明的孩子

小川大介　著
林佳翰　譯

三民書局

前言

父母應可更相信自家孩子

沒有哪位父母不祈願孩子過得幸福。

父母都希望孩子能健康成長、體貼別人，能將自己的才能發揮到極限，活躍於社會，而且周遭總是有很多朋友圍繞著，過著多彩的人生。

無論哪個父母都祈願孩子的未來一片光明，充滿歡笑。

只不過有個事實是，有很多父母因為太想讓孩子得到幸福，遂給孩子太多「可能直接和未來幸福有關的東西」，塞太多東西給他們，結果耗費太多時間和心力，不知何時開始，父母和孩子的「笑容」都消失了。

祈願孩子的幸福而做的行為，卻在不知不覺間造成父母和孩子的痛苦。

您是不是太過於追求資訊，而沒有把目光放在「孩子」上呢？

我在二〇〇〇年開了一間專門針對中學入學考試的個別指導補習班，多年來擔任負責人。在和父母討論要怎麼讓孩子學習時，他們常提出以下幾個問題：

「要讓孩子做什麼才好呢？」
「要買什麼教材給孩子呢？」
「要讓孩子體驗什麼比較好呢？」

想讓自己的孩子得到幸福，不想讓他們繞遠路，不想讓孩子因自己沒掌握到有利的資訊而吃虧……。

這些問題顯示出在媒體充斥著教養資訊的現今社會裡，父母為自家孩子著想的迫切心情。

必須回答這些問題的我為了更詳細了解關於他們孩子的事情，反問了父母這些問題：

「孩子最近的口頭禪是什麼？」
「孩子早上起床後最先做什麼事呢？」
「他熱衷於什麼遊戲呢？」

這麼一問，父母的動作倏地停止了。

「口頭禪……他都說些什麼啊……」
「早上起床後……我那個時間都在做家事啊……」
「遊戲……他有玩好幾樣，最喜歡哪個啊……」

他們察覺到明明是來談孩子的事，卻意外發現自己對孩子的事完全不了解。
明明為了孩子這麼努力，卻不知道眼前這個孩子的口頭禪和喜好，明明絕對不是沒在為孩子著想的……。

此時，我會這麼安撫他們：

「沒關係，接下來我們溫柔守護他們吧，至於要給他們什麼，只要好好觀察後就會發現。」

「喜好」有受到父母守護的孩子，在緊要關頭時就能發揮耐力

我到目前為止和五千多組家庭進行過面談，討論其孩子的學習方式，在面談時，不只談孩子「現在的樣子」，也不時談到「孩子至今受到什麼樣的教育」。

和很多家庭談過後發現一個事實，就是那些父母給很多「似乎有利於教育的資源」，且什麼事父母都幫忙做好的孩子們，到小學六年級要考中學入學考試時，成績很難進步；另一方面，父母只是在一旁守護著，能盡情體驗「抓昆蟲」或「畫畫」等喜歡的事的孩子，到最後緊要關頭，反而能發揮其耐力讓成績不斷攀升。

我從二〇一七年開始，和專門培育演員與藝人的戲劇學院公司（THEATRE ACADEMY）一起開啟了「Kids Perform Challenge」這個教養計畫，每當進行特別講座或研習會時，常會看到或聽到類似的說法。

在童星界裡，那些生長在父母會「你要這樣做、那樣做」地下指令的家庭的孩子，通常小的時候很容易就能通過甄選。

可是很不可思議地，到了九歲左右，就突然交不出任何成績。

取而代之顯著嶄露頭角的是那些能按照自己步調自由活動的孩子，雖然他們一開始沒做出什麼成果，不過長大些、到了需要展現自我的年齡時，就能突然發揮其能力。因為他們已經養成自己思考行動，因此面對導演說「你這樣做做看」的要求時，也能夠瞬間反應。

從這些經驗來看，我確信了一件事，就是為了提高孩子能力，重要的是「九歲前的教育方式」，因此這本書將以有幼兒到九歲左右孩子的父母為對象，講述教養孩子時須留意的事情。

這個時期孩子需要的不是什麼特殊的教育，而是面對孩子原本的模樣給予「認同」、「守護」並「等待」，這本書裡將這種教養孩子的方式統稱為「守護教養法」。

藉由「守護教養法」，孩子能成為主動學習、自我成長的人

讓孩子發揮其擁有的能力，進而過著幸福人生的關鍵就是「守護教養法」。父母要做的並不是過度給予或硬塞給孩子一些「可能直接和未來幸福有關的東西」，而是要認同孩子自己發現的「喜好」並守護著。

因為自己的好奇心受到父母的認同並守護著的孩子，會認為「我可以盡情學習我有興趣的事」。

如此一來，不只是學校的學習，面對整個人生也都會積極起勁。因為有自信能夠自己選擇人生，靠自己的能力立足，即便受到挫折，也能夠汲取教訓，轉換成下次再努力的動力。

我本身於二〇〇六年有了第一個孩子，現在以父親的身分和孩子一起成長，在這過程中，我實際感受到一直以來抱持的信念果然是沒錯的，即「父母更相信孩子也沒關係」，只要守護孩子的「喜好」，孩子就能主動學習並成長。

實際上，孩子能夠平心靜氣地準備中學入學考試的家庭當中，幾乎沒有父母逼迫孩子念書。

這並不是因為那些孩子是「很會念書的孩子」，而是只要把「給予教養法」改成「守護教養法」，無論是哪個孩子，都能變成主動學習自我成長。

「不否定」、「不給予太多」、「不焦急」

聰明孩子的父母有三個特徵，即「不否定孩子」、「不給孩子太多」、「不因孩子的事焦急」。父母的態度這樣，孩子會比較安心，對自己有興趣的事就會不斷鑽研，如此一來，對每天的體驗都會抱持疑問，常想「為什麼?」然後自己思考「是不是這樣呢？」之後付諸行動「查查看」，這些行為累積起來便造就了「聰明的孩子」。

那麼在教養孩子時，如何做到「不否定」、「不給予太多」、「不焦急」呢？這本書裡將會介紹這個概念的祕訣。

或許有些父母在看完這本書後會反省「我至今都不是這樣教養孩子，我真是個不及格的父母」，不過完全不需要反省，只要接下來付諸實踐就好了，在您因為孩子著想，想得到新的資訊而打開這本書的此刻，您就已經是很好的父母了。

再者，也沒必要火力全開想要全部都實踐。

只要發覺一個點，改善那一點就夠了，而且即使沒有馬上看到效果也沒關係，只要一點一點實踐就好了。

如果這本書能讓每個家庭重新審視和孩子間的相處模式，使得和孩子一起歡笑的時間增加的話，我將感到無上欣慰。

小川大介

目次

第2章　聰明孩子的父母「不會否定孩子」

第3章　聰明孩子的父母「不會給予太多」

第5章　爸爸媽媽的煩惱Q&A

第1章

聽明孩子的父母在教養上重視什麼呢？

話說回來，「聰明」是什麼意思？

很多父母都希望孩子「成長為聰明的孩子」，那麼，「聰明」指的是什麼呢？首先思考一下這本書的終極目標「聰明的孩子」的意思吧。

三十年前是「把大家都會做的事做得更好」

隨著時代變遷，「聰明」的定義也不斷改變，這大家應該也有發現吧。

約莫三十年前，也就是現在的父母小時候時，一個人聰不聰明是以「知識量」、「處理問題的速度」、「正確度」這三點來判斷。

只要能將教科書和參考書上寫的內容從頭到尾記到腦子裡，在考試時拿到高分的孩子，就被稱為「聰明的孩子」。

大人也是一樣，三十年前的社會風氣是要把「大家都會做的事」做到「比大家做得更多、更快、更正確」，能做到這樣的人就被稱為聰明的人，而能過著幸福的人生。

今後的「聰明」指的是能在社會上發揮「自己的強項」

但是，社會結構有了巨大的轉變。

今後，那些「大家都會做的事」，AI（人工智慧）將比人類處理得更多更快更正確，目前由人類做的工作將會不斷被AI取代。

此外，隨著SNS（社群網站）漸趨發達，任誰都有辦法向全世界發出個人的意見和資訊。

從事自由業的人也增加了，即使不隸屬於任何一個組織也能獲得收入，說得極端一點，整個社會變成只要你有專長和熱情，就能工作養活自己。

「社會結構改變了」即意味著「教養孩子時該擔心的重點改變了」。

三十年前的父母不安的是「和周圍的孩子比起來，我家孩子有不會和不足的地方」。

可是今後，只「和周圍的人一樣」是不夠的。

因為當被問到「你會什麼事？」時，如果你的回答是「被交代的事，我會做得比周圍的人更快更正確」的話，只顯示出你很容易就被ＡＩ取代，所以說這無法成為你的優點。

接下來的時代裡需要的是有能力發揮「自己獨有的強項」的人。

比起「會做和周圍的人一樣的事」，更重要的是「雖然也有不擅長的部分，不過我也有比任何人都強的部分」。

只要有自己特殊的強項，就能永遠被列為是需要的人才，也不用擔心會被ＡＩ取代。

為了活用自己的強項，「自我軸心」很重要

也就是說，接下來的時代裡所謂「聰明的孩子」指的是「能在社會上發揮自己強項的孩子」。

那麼，為了變成這樣的孩子，需要什麼呢？我認為是「自我軸心」。

所謂的自我軸心，就是「自己根據經驗和價值觀所訂出的判斷基準」。

有自我軸心的孩子，不會偽裝自己，無謂地虛張聲勢，而能表現出原本的自己，而且也能坦然認為「雖也有不擅長的事或偶會失敗，但這些都是自己」，能為自己的選擇負責，這樣的孩子對自己有興趣的事會積極學習，不斷發揮強項。

實際上，中學入學考試的方向也轉變成重視自我軸心，考試題型由「廣泛測驗各式各樣的知識」轉成「雖不需要那麼多的知識量，不過讓學生能夠仔細思考後給出自己的答案」。

中學入學考試的題目裡也明顯反映出學校想要錄取的人物形象，由這點也可看出大家要求的「聰明形象」已有所改變。

將來，要教養出能在社會上發揮自己特有的強項的孩子——這正是「教養出聰明孩子」。

父母改變和孩子的相處方式，自然就能培育出自我軸心

有個大前提是無論哪個孩子，即使放任不管，自我軸心也能自然養成，雖然這麼說或許有點草率。不過所有的孩子都有好奇心，對於不知道的事情或新奇的事物都會產生「這是什麼？」的興趣，只要隨孩子的自主性發展，自然就能發展出自我軸心。

所謂「聰明的孩子」就是能發揮自己特有強項的孩子

只要孩子能自己根據經驗和價值觀訂出獨自的判斷基準，表現出不做作的自己，將來就能發展自己的強項。

但是很可惜地，在成長過程裡的親子相處中，父母常常會干涉孩子自我軸心的發展。

例如這樣的行為：

出口禁止：「那樣做不行！」
把孩子的行程排得滿滿的。
和周圍孩子比較：「明明大家都會，為什麼你做不到？」

否定孩子、剝奪孩子的時間、和周圍孩子做比較，這些都會阻礙原本該自然養成的自我軸心的成長，真的非常可惜。

可是，即使您以前做了這些行為，也絕不是無法挽救的，培養自我軸心永不嫌晚。

變聰明的「三原則加一」

作為培養孩子的自我軸心的三原則，我倡導「認同」、「守護」、「等待」，然後再加上「期待」，這樣的「三原則加一」會讓孩子主動學習、自我成長。

關於「三原則加一」，從下一節起詳細說明，無論哪個方法都是所有家庭能實踐的簡單方法，就算進行得不是很順利，也不用著急，重要的是先了解這些方法。

變聰明的「三原則加一」
原則一：認同

變聰明的「三原則加一」，原則一是「認同」。

前一節有提到，父母阻礙孩子「自我軸心」成長的方式之一就是表現出否定的態度。

現在要講的「認同」這種相處方式，能有效減少父母不適宜做的事。因為孩子知道「我可以重視自己的想法」而安心，所以每天對各式各樣的事抱持好奇和興趣，思考和解讀的機會就增加了。

教養孩子時的「認同」，並不是「評斷」，而是「認同其存在」，是種「我知道你這個人現在在這裡活動喔」的感覺。

「看著」原本的樣貌，將之「留在」心裡，這才是「認同」最原本的意思。

將孩子的想法暫且聽進去

具體而言該怎麼做呢？我們用生活上的景象來想想看。

孩子在玩具店前纏著父母「買那個玩具給我」，號啕大哭到讓周圍的人都轉過頭來看，不久他又坐在地上耍賴了起來。

這時，你會怎麼做呢？

「你別鬧了，快點過來！」抓起他的手臂拖走，這是「強迫」。

「為什麼你總是這樣！」大聲斥責，這是「責罵」。

先跟他說：「你很想要吧。」暫且聽聽他的想法，這才是「認同」。「我懂喔，你想要玩具吧，你想要哪個玩具呢？是喔，你想要那個喔……，嗯，不過今天不買喔，好了，走吧。」

這樣孩子就會站起來，就算不是馬上站起來，不過自己想站起來時，就會乖乖站起來了。

想要勉強把他帶走，或是大聲責罵的話，孩子反而一動也不動，如果父母聽了他的想法，他就會順從地站起來了。

這兩者的不同只在於父母能否暫且聽聽自己「想要玩具」的心情而已。

只要孩子知道父母有認同「想要玩具的自己」存在著，就會安心認為「我可以想要玩具」、「想要玩具的自己存在著也沒關係」，而且也會理解到「『自己想要玩具的心情』和『今天有沒有買玩具』是不同的問題」，所以他就會站起來。

抓住他的手臂硬拖走或是責罵他，只是為了擺脫那個尷尬場面所做的處置，但沒有接受孩子的心情，因此，孩子會因為覺得「你不了解我」而感到不滿，就會一直哭下去。

Having、Doing、Being

在心理諮商和教練式領導的領域裡，常會出現「Having」、「Doing」、「Being」這些詞彙。

「Having」是認同擁有的東西。

「你戴的手錶看起來很貴耶」、「你開很好的車耶」，請把 Having 想像成像這樣誇讚別人擁有的東西就好，雖然確實是在誇讚對方，不過充其量只是誇讚對方擁有的「東西」而已。

用 Having 的心情對待孩子的話，「你考了一百分好厲害啊」這樣的話語只會讓人覺得「考試一百分」很厲害，而不是「考了一百分的孩子」很厲害。

「Doing」是認同對方的行為本身。

「那手錶好特別啊，你會選那支錶真的很有品味耶」、「你考了一百分啊，你很努力呢」，像這樣不是誇讚「東西」，而是「行為」。

比起 Having，Doing 會讓人覺得對方好像更了解自己而很開心。

「Being」是認同對方的存在，是無條件承認「只要你在這裡就很棒」。

以剛才那個例子說明，重要的是「認同處於想要玩具的狀態的孩子」，對他說：「你現在想要玩具吧。」對孩子的情緒先暫時接受，至於「今天不買」或是「那麼買給你」，再看當時情況判斷就行了。

在判斷「好」或「壞」之前，先認同「是這樣啊」，暫且接受

重要的是「先暫且接受孩子表現出的一切」。

首先希望您先在生活上注意「孩子在那裡」、「孩子在客廳滾來滾去」、「孩子在念書」，且對這些狀況的每瞬間都想「啊，是這樣啊」地接受，即使只有零點幾秒，至於「好」或「壞」，那之後再判斷即可。

先暫且有想著「是這樣啊」的瞬間，孩子就會覺得「我在這裡沒問題」、「我這樣想也沒關係」、「我可以存在著」而感到安心，這種安心感會發展成「我可以自己感受、思考、行動」的自我肯定感，進而發展成自我軸心。

變聰明的「三原則加一」

原則二：守護

變聰明的「三原則加一」，原則二是「守護」。[1]

這裡說的「守護」這種相處方式，極其有助於引發出孩子的自主性，不過度出手或出口，能激發孩子的挑戰意欲。先保持這樣，然後發現是必要時刻時再出手幫忙，預防致命性的挫折，是剛剛好的相處方式。

只是在這當中，有些父母自認為是在守護孩子，但不自覺地變成在「監視」，在此先說說「守護」和「監視」的不同。

[1] 譯註：「守護」的日文是「見守る」，裡面的「見」就是「看」的意思，「守る」是「保護」的意思。

「守護」和「監視」的不同

讓孩子在公園玩的父母大致可分為兩種類型。

一種是只告訴孩子真的需要注意的大方向，例如「有人在盪鞦韆時你靠近的話會很危險，要小心喔。」然後就只在一旁看著。

另一種則是不斷制止孩子的行動：「不行去那裡啊，摸了那個手會弄髒吧。」

兩種類型的父母都是想讓孩子玩耍才到公園來的，可是前者只給最低限度的叮嚀就不再說什麼了，後者雖然不是出於本意，卻所有小事都要管。

這就正是「守護」和「監視」的不同。

這個不同起源於哪裡呢？一言以蔽之就只是有沒有「信任孩子」罷了。

「這孩子到這個程度沒問題，只要在快超過這個程度時稍微注意一下就可以了」，能這麼信任孩子的父母，是不會監視孩子的。

父母一監視孩子，孩子也會認為「爸媽沒有說ＯＫ就不能做」、「能讓爸媽心情好的事就是好事」，於是不管到何時都無法自立。

為了不陷入監視，信任孩子很重要。

首先看孩子「今天的樣態」

「雖說要信任孩子，具體而言要怎麼做呢？」似乎聽到有人這麼問。

這在「守護」這個詞裡面找得到答案。

所謂「守護」，就是「看著、保護」，首先，要看什麼呢？就是看孩子「今天的樣態」。

所謂「守護」，就是配合孩子成長，重新選擇和他之間的距離感，孩子會做的事每天都在變，所以父母也要配合其變化，重新審視和他之間的距離感。

當孩子還小時，不管去哪裡都要牽著手，轉彎時也是父母先往前走一步，確定沒有危險才會轉彎。

然後過了幾年，沒必要牽著手走路了，不過應該還是會跟孩子一起走。

孩子再長大一點後，相信他一個人沒問題了，也就沒必要一起走了。

就像這樣，決定要讓孩子做主到什麼程度、從什麼程度開始保護，這就是「守護」，適當守護可以增加對孩子的信任。

配合孩子成長，重新決定距離感

想保護孩子的念頭很強的人和很喜歡照顧人的人要特別注意，因為這些人容易連孩子已經會做的事或是只要努力一點就做得到的事，都先幫他們全部做好。

希望這些父母能把「減法保護」放在心上。

例如「孩子能夠自己把衣服收進抽屜裡，那麼我只要幫他做到把衣服摺起來就好了」、「只要幫他把牛奶倒入杯子裡，他就能自己準備早餐了」，大概像這樣的感覺。

父母要配合孩子成長來決定出手幫他到什麼程度，不過度出手幫忙、只默默守護，可以讓孩子累積小小的成功體驗。

有個很好了解的方針可用來「重新決定距離感」，這是在山口縣長期從事教育的緒方甫老師提出的「教養孩子四訓」：

1. 嬰兒時期，不要離開孩子肌膚。
2. 幼兒時期，離開肌膚，不要放開手。
3. 少年時期，放開手，不要離開視線。
4. 青年時期，離開視線，不要離開心。

這段話簡短傳達出配合孩子的成長，父母應採取的適當距離感及父母該有的態度。

當然，孩子的成長速度不是固定的，有時也會退步，也有可能上週會做的事這週又不會做了，孩子的成長不是永遠「往前進」，請用適合目前孩子的距離感守護著他吧。

變聰明的「三原則加一」

原則三：等待

變聰明的「三原則加一」，原則三是「等待」。

只要父母「等待」，孩子就能得到「我靠自己完成」的成就感，成就感會培養出自信，產生「我要再做做看」的欲望，「等待」這種對待方式可以加速孩子自我軸心的成長。

每當我在研討會和面談時講到「等待」這件事時，一定有人反駁「雖然我知道，但就是就等不下去」。

父母之所以會認為「等不下去」有兩個主要的理由。

第一個狀況是他們以為「等待」就是「忍耐」。

第二個狀況是父母沒有好好說明，只是要孩子配合自己的時間。

首先，先來解決第一個狀況，即以為「等待」就等於「忍耐」。

「等待」是相信對方並交由他做

「等待」絕對不是「忍耐」，而是相信「這個孩子能做到這件事」並交由他做。

因為知道他做得到，所以能夠交由他做並守護著，於是結果看起來很像在等待，這就是「等待」的機制。能做到「認同」、「守護」這些階段，其實幾乎也做得到「等待」了，雖然不用特別花什麼力氣，不過平常就要仔細觀察孩子，看他什麼會做、什麼不會做，或是想做什麼，要抓到他正對什麼感到不安。

然後，希望各位父母隨時抱著「即使沒任何根據也相信著的心情」。

讓信任從「因為我看過他以前做到的情景，所以他應該做得到」，進展到「因為他是我信任的孩子，應該做得到」。

這樣一來，看待孩子的態度就會變成「這個孩子沒問題的，我不要連小地方都講，來看看他如何靠自己的實力解決吧」，就能做到「等待」。

不要看漏「幫我」的訊號

希望父母注意的是不需要任何事都頑固地等待。

有時候雖然是孩子自己一個人開始做，但卻會陷入「這個還是希望爸爸媽媽來幫我」的情況。

例如請想像孩子解數學題的場面，遇到解不開的題目而停手，在那邊嗯嗯哼哼二、三十分鐘了。

這個時候，如果還是認為「因為他想靠自己的力量解題，我只要這樣等下去就好了」，就不是那麼適當了。

只有在經過思考後能找到答案，一個人思考才有其意義，像剛才「不知道該怎麼做的狀態」的三十分鐘，對孩子而言只是感到痛苦而已，也有可能變成對學習抱持負面情緒。

當孩子遇到以現在的能力無法解決的難題時，也需要父母的協助。

平常應注意孩子的表情和視線變化，揣測這些訊號傳達出的是在求救還是正埋首做一件事。

趕時間時，要和孩子分享其原因

接著來看看單方面要孩子配合自己時間的狀況。

例如父親要搭八點十分的電車去上班，想在七點五十分把孩子送到幼稚園，可是孩子再怎麼樣都不開始準備出門，再不快一點會趕不上電車，但是孩子卻一副不在乎的樣子……，這瞬間一定會覺得「已經等不下去了！」而焦慮到快爆炸。

此時的「等不下去」，和「孩子想要自己做，父母卻忍不住出手」的狀況完全不一樣，此狀況是從「孩子行動緩慢會造成自己非改行程不可」這種壓力而形成的「等不下去」。

這種時候希望父母思考的點是：您是否認為「孩子應該要配合父母的時間活動」呢？

「配合某個人的時間活動」是件非常難的事，孩子有孩子的步調，他們光做這些事就耗費掉很多心力了。

從想到「好，來換衣服」而站起來到換完要花幾分鐘呢？再說在這之前要花多久時間才會想到「好，來換衣服」而站起來呢？此時，先從「依我家孩子的步調來算，要花幾分鐘準備呢？」再從預計要出門的時間往回推，這樣就能減少焦慮感。

或許孩子根本無法理解「為什麼一定要七點五十分到幼稚園呢？」

如果是這樣的話，就要跟他說明狀況，「爸爸一定要搭八點十分的電車，所以七點五十分要跟你在幼稚園說掰掰喔，我想在七點三十分出門，你可以幫忙嗎？」即使是三、四歲的孩子，只要好好跟他說明，他是聽得懂且會實現父母期望的。

可是並不是只說「想要七點三十分出門」就算了喔，要說到「所以我希望你能在七點二十分換好衣服喔，那個時鐘走到七點時，就開始換衣服吧。」

然後問他：「你七點可以開始換衣服嗎？」如果孩子露出稍微想一下的表情後回答：「嗯！」就表示他了解父母要求的事項了。

就像這樣，因「孩子行動緩慢會造成自己非改行程不可」的壓力造成「等不下去」的情況，可以藉由和孩子分享必須快一點的原因來預防。

「等待」這種對待方式是「信任孩子，交給他做」，把他當作一個成人信任他，孩子的信心就會每天增加。

變聰明的「三原則加一」

加一：期待

實踐了「認同」、「守護」、「等待」這三原則後，接下來要進到下一個步驟，那就是「期待」。

在三原則上再加上父母的期待，孩子的才能才會爆發出來。

為什麼不是「四原則」而是「三原則加一」呢？那是因為在還做不到「認同」、「守護」、「等待」這些對待方式時，就加以期待，會變成強迫孩子接受，只會給孩子造成壓力。

所以，要先做到三原則，「期待」則在那之後。

孩子有「父母的期待」就能突破「維持現狀的心態」

所謂的「期待」就是「你一定也做得到這件事」，是種基於對孩子的信任產生出的希望或願望，期待的範圍很廣，「你已經能夠自己去跑腿了」也是種期待，「希望你立志當醫師」也是種期待。

「期待」看起來像是違反由孩子主導的想法，但也有個事實，即如果百分之百都由孩子主導的話，孩子的能力無法提升。

怎麼說呢？因為只要是人任誰都有「維持現狀的心態」，這是因為人生裡，比起「變化」，人會比較希望「維持現狀」的心理作用。

去餐廳吃飯，總是點一樣的菜色；在很多人參加的派對上，也不自覺地只和熟悉的人聊天，這些經驗大家都有吧。

成年人都這樣了，更何況是孩子。如果完全由孩子主導的話，無論時間過多久，也只是維持現狀而已。

可是，如果父母抱著期待推他一把的話，孩子就能突破維持現狀的心態，湧出跨到未知世界的勇氣。

利用「認同」、「守護」、「等待」培養孩子的自我軸心，之後再試著坦率告訴他們父母對他們的期待吧。

分辨「基於信任的期待」與「單純的壓力」的方法

希望父母能注意一點，此期待是基於對本人的信任而產生的希望和願望嗎？還是只是強迫孩子接受而產生的希望和願望？前者就是「期待」，能成為孩子背後強大動力；後者只不過是「壓力」，會變成孩子的包袱。

在不知道自己抱持的是哪種希望和願望時，判斷基準是「腦中是否浮現自家孩子的臉的影像」。

例如有個「希望孩子會說英語」的願望，如果腦中能夠清楚浮現自家孩子以英語為手段和外國人交朋友的影像，這就是期待，此時對孩子說出的話應該會是「你絕對學得會的，試試看吧」。

相反地，如果想像不出自家孩子的臉，就很有可能是強迫孩子接受了，此時對孩子說的話容易變成「這個時代不會說英語是不行的」、「如果你不會的話，會很困擾」。

期待確實是父母的自私想法，不過我認為有這樣的自覺後，向孩子表達此期待時，跟他說這是「父母的心願」也不為過。

在「認同」、「守護」、「等待」後加上「期待」，孩子就能展翅高飛。

「認同」、「守護」、「等待」的教養，要怎麼實踐呢？

到目前為止，我說明了「教出聰明孩子的三原則加一」。可是，可能有很多正在教養孩子的忙碌父母們會想「我沒那麼多餘力呀」、「雖然知道，可是忍不住就會焦慮起來……」。

和「認同」、「守護」、「等待」的教養相反，父母很容易做出的是「否定」、「給予太多」、「焦急」，例如這樣的事：

對熱衷畫畫的孩子說：「你不要只一直塗鴉，做做這本練習本。」
對學才藝沒什麼興趣的孩子說：「最少要學游泳、英語和鋼琴這幾項。」
看了網路資訊後說：「在幼兒時期沒有好好鍛鍊腦部，會起步太慢。」

每一項都是考慮到孩子的將來才衍生的想法和行為吧，可是很可惜地，「否定」、「給予太多」、「焦急」對孩子的成長是揠苗助長。

因此，接下來要做和那「相反」的事。

只要停止不必要的否定，孩子會覺得「自己被愛著」而有自信。只要不一味給孩子這個那個，孩子就有自由的時間，能踏實吸收體驗過的事，儲存心理能量。然後，父母用不急躁且從容的心教養孩子的話，家裡的人每天都會過得很快樂。

實際上，在我觀察下來，那些能讓孩子自主學習且每天過得很快樂的家庭裡的父母，幾乎都是採取這樣的態度。

下一章開始，我會用具體的生活景象來說明輕易實踐這種教養方式的一些想法和行動的祕訣。

第2章

聽明孩子的父母「不會否定孩子」

「否定」會抑制孩子的發展

父母越愛孩子而期望孩子未來過得幸福，越會注意到孩子「沒做到的部分」。如此一來，不自覺就只說出否定孩子的話語，例如「所以我不是說過了嗎？」「不是這樣的吧！」「一般情況下都能做到這樣，可是這個孩子卻……」

否定是和「認同」、「守護」、「等待」完全相反的行為，一味地否定，不但父母和孩子都會陷入沮喪的情緒，還會讓孩子退縮，無法發揮潛能。

無法認同孩子努力的父母

有一個小女孩我永遠記得，她是以前我在個別指導補習班裡帶的學生。

她家裡始終是父親掌控主導權，父親對自己的學歷非常自豪，也因此會干涉女兒的學習狀況，「一定要讓女兒考上入學門檻很高的私立中學」。

他們第一次來找我時，女兒在念小學五年級，成績也名列前茅，只要學力順利發揮，考上心目中的理想學校是可預見的實際目標。

可是，那個家庭的狀況可說非常異常。

她父親每次都會跟著來上課，然後只要女兒在解題時稍微多花了一點時間，他就不停出言責備：「妳在做什麼？」「妳總是慢吞吞的！」「快點，昨天不是做過了嗎？」

我找這位父親個別面談時，他也總是以「這個孩子不夠努力」一句話帶過，我跟他建議「雖然她某方面有點自我，不過只要讓她好好地思考，等她思緒整理好後，解題的速度就超乎想像地快了，讓她依自己的步調進行吧」，但父親卻充耳不聞。

她在自己的努力從沒被認同的狀態下，每天繼續被罵著。

結果，她的成績急轉直下，不久變得常常生病，也越來越常請假沒來補習班，可是即便如此，她父親還是繼續責罵她，而能依賴的母親本身也是非常努力才考上入學門檻很高的學校，因此也只會說：「這個孩子太散漫了。」沒有情緒抒發出口的她，漸漸被逼到絕境。

我認為再怎麼樣都得想辦法解決此狀況，先不論學力怎麼樣，她實在太可憐了。

即使在這樣的情況下，她還是為了要達到父母的期待而非常努力念書。可是精神上已吃不消，當然沒辦法有好成果。我終究勸告她父親：「希望您能注意到她有做到的部分，多多稱讚她，不然她會撐不下去的。」但她父親卻撂下一句話：「算了，您無法按照我們期待的方式讓孩子念書，這樣的老師我們不需要。」然後就換去別家補習班了。

到了她六年級下半年度時，她母親打電話來拜託我：「今後可不可以請您再幫她補習？」

一問之下，她才說：「原本她的偏差值[2]是六十，現在落到四十，即使這樣，還是希望她能考上她父親心目中第一志願的那間入學門檻很高的私立中學，所以希望您能再幫她補習。」

雖然我想幫她，可是她說：「請您保證絕對能讓她考上第一志願。」因凡事都沒有「絕對」，我就回她：「這很難。」遂得到「那就算了」的回應。

最後我向他們提出一個請求：「關於跟孩子的相處方式，請您和先生再詳談一次，您女兒真的是個很努力的孩子，絕對有能力更上層樓，請務必記住這點。」講完才放下話筒。現在每每想到當時自己能力不足以讓她父母放心時，以及想起那個女孩拚命忍耐的眼神時，還是很心痛。

[2] 編按：偏差值是指相對於平均值的偏差數值。在日本，偏差值是用來衡量學生學力的重要指標。通常以五十為平均值，數字越高表示成績越好，偏差值在六十以上可進入較好的大學。

雖然這麼極端的例子很罕見，不過就像這樣，「否定」不僅會抑制孩子的潛能，也會給他們壓力，使他們連原本做得到的事也做不到了。

和孩子的相處中，如何消弭「否定」這個行為，將在這一章講述。

不對孩子說「不准做～」，改說「做～吧」

孩子因為和人溝通的經驗值很少，所以別人說的話會照單全收，這就是「『否定』對孩子而言不會有任何加分的理由」。

當孩子的行為沒有符合父母預期時，或是父母想督促孩子時所講出的否定字句，孩子都會按字面上的意思照單全收。當他聽到「你很糟糕」，就會直接認為「我很糟糕」。

如同第36頁所述，這麼做就變成和「認同」、「守護」、「等待」完全相反的對待方式了。

被父母否定，孩子就會覺得「我被父母討厭了」

對不認真做練習本的孩子說：「你為什麼不好好做！」

對正在練習單槓的孩子說：「那種抓法不行！」

對把玩具丟一地的孩子說：「不要亂丟！」

一被父母否定，孩子就會覺得「爸爸媽媽討厭我了」。對父母而言，只是針對孩子的行為說出「不行」，可是孩子會解讀為「爸爸媽媽和自己的關係全部被否定了」，因為他們和別人溝通的經驗值很少，會這麼解讀也無可厚非。

因此，希望父母能再想想「為什麼說出否定的話」。

或許是因為「希望看到孩子因做得很好而顯露出開心的臉」、「希望他能充分發揮原本的能力」、「不希望他受傷或生病」，說出的話應該都是交雜著父母祈願孩子幸福和安全的心情與父母本身想放心的心情吧。

那是很自然的感情，只不過希望父母能再想想，為了兼顧到「孩子的幸福」和「自己安心」，有沒有什麼不用否定語言就達得到的方法呢？

舉一個容易了解的例子：

有個實驗是在走廊貼「不准在走廊奔跑」和「在走廊走路移動吧」，結果顯示貼出後者時，孩子在走廊奔跑的比例壓倒性降低。

不對他們說「不准做～」，而是說「做～吧」，如此孩子會直接將其輸入腦子裡並行動。

「指出問題點」只對大人有用

「只做到那樣不行喔，你可以做得更好吧？」「你連這個都不會嗎？」這些都是指出問題點，是因為父母抱著「希望孩子振奮起來發揮原本的實力」的期待才說出來的，這可以理解。

但是這種溝通方式要了解其背後含意才有效，指出問題點的背後含意是「再努力一次，你一定可以的」。

指出問題點裡包含「再努力一下就做得到喔」，而這個訊息孩子還無法抓到。

如同剛才說的，孩子聽到「不行」，就會解讀成「我不行」，然後認為「這樣的自己下次再努力也還是無法順利進行」，因此，就逃避再次挑戰。

就連大人的我，被指出問題點時也會沮喪，而又有多少人能在這之後振奮起來，轉換成「好，我要好好做」的心情？換成孩子，又更少吧。

既然如此，父母為了傳達其真正的想法，就不要用否定的語句吧。

特別是如果您是高學歷的人，或是經過一番努力才在社會上成功的人，又或是總是因為不想丟臉而自律的人，要更加注意。

因為這些人是在別人指出問題點後能夠振奮精神面對的極少數的人。能夠努力的您是比較特別的，對您孩子等其他人而言，是很難將別人指出的問題點轉換成積極的能量的，這點請您務必理解。

比起「克服不擅長的事」，「加強擅長的事」對未來較有利

父母都希望孩子「變成什麼都會的孩子」，因此，看到孩子有不擅長的事就很擔心，指出他們沒完成的事或沒做好的部分，想要叫他們改進。

可是，未來時代所需的「教育」並不是「叫他們克服不擅長的事」，而是「加強擅長的事」，如同第3頁提過，隨著時代變化，「聰明孩子」的定義也不斷改變。

身為組織的一分子不惹事地工作，按照年功序列升官就能安穩做到退休的時代已結束，接下來的時代是能夠對社會提供別人沒有的價值的人，才會獲得工作機會，如果和別人一樣的話，只會被認為「沒必要特地選那個人」。

這麼一想，您應該也會認同「不斷提高孩子強項及擅長部分的教育，對這個

孩子的未來比較有利」吧。

孩子越「偏執」越好

有些孩子是很會念書、運動方面很強、術科很順利通過、不管什麼都會的模範生，如果自己的孩子是這樣，身為父母會很放心。但是這種孩子很少，那種不管什麼都想要得第一的孩子或許會自己努力，不過大多數的孩子只會對自己有興趣的事努力。既然這樣，如果要求孩子「什麼都要會」的話，本來該花在喜歡的事上面的精力就會被分散掉，就無法讓強項發揮了。

比起「樣樣通樣樣鬆」的人，不擅長的事完全不行、擅長的事盡情發揮，也就是「偏執」的人才容易在未來社會發揮其能力。

升學率高的知名學校也推行「偏執」

實際上，很多升學率高的知名學校校長都發出「偏執」是件好事的訊息，灘

孩子極端「偏執」比較好

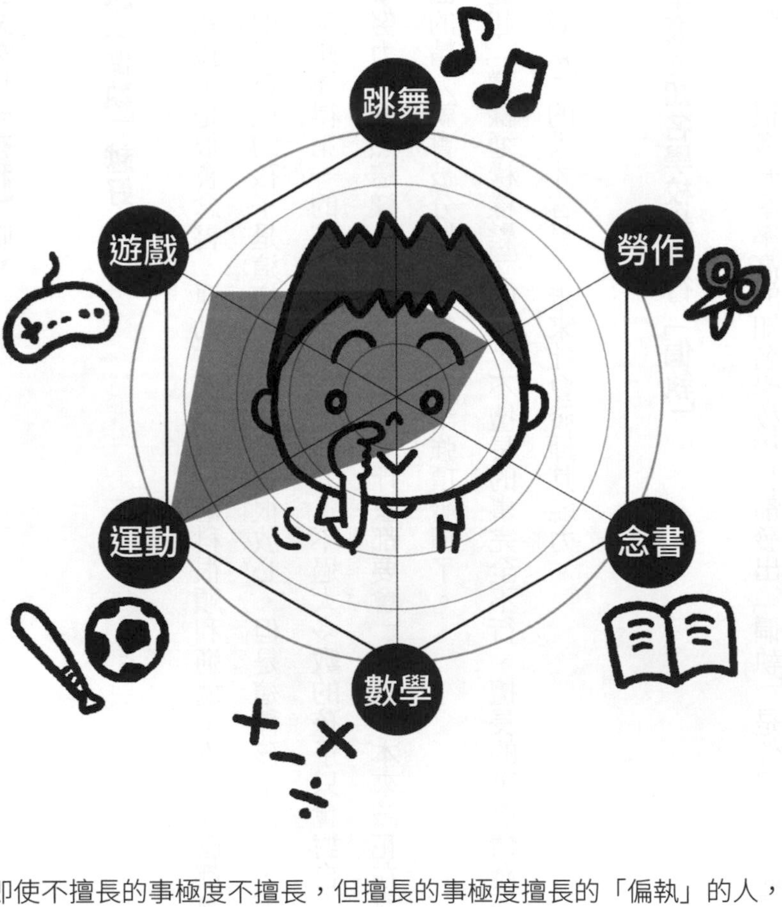

即使不擅長的事極度不擅長，但擅長的事極度擅長的「偏執」的人，較容易在未來社會上發揮能力。

中學的老師說了這樣的事：

「我們學校的學生們最優秀的地方就是大家都有『自己擅長的世界』，例如電車的事就問A同學，數學的話就問B同學，關於遊戲，問C同學就沒錯了，每個人一定擁有『這個領域就是某某某』這種特殊專長，就像是社會的縮圖，他們長大成人後，也會建立起『IT領域的話問D同學和E同學應該會有答案』這樣的交流網絡。因此他們只要不斷拓展自己喜歡的世界就好。」

這種情況並不限於灘中學，在號稱升學率高的學校、名校的學校說明會上，開成中學和麻布中學的校長也都說出相同的事情。

當然，讓孩子加強他「擅長的事」，並不能保證他在這條路上就能成為頂尖人物，既然如此，有些父母就想「希望他能成為『大家會的事他也會』的大人」，這麼想也有其道理。

只是，希望這些父母能停下腳步想一下，這樣做對孩子真的好嗎？再追究下去會發現實際上是您覺得「如果有不擅長的事，之後孩子會很傷腦筋不是嗎？」您只是想要消除自己這方面的不安而已不是嗎？

這社會上的價值觀已漸漸轉變方向，從「有不擅長的事是不好的」慢慢變成「沒有非常擅長的事是不好的」。

既然如此，就把教養孩子的方式改成相信他，並加強他的強項，這才可說是真正考慮到孩子的將來所採取的行動。

從父母的觀點看是「有價值的事」，二十年後不一定還有價值

一說到「偏執」，有人找我商量這件事。

「如果只是『數學很強，國語很弱』的話，我還能不出聲，可是我家孩子念書和運動都討厭，只是一個勁兒地玩模型，讓我擔心得不得了。」

確實，有些孩子對念書和運動都沒興趣，只花心力在父母看來沒什麼價值的興趣上，父母看到這種景象感到不安，我也不是不能理解，因為父母認為這孩子將來無法達到「努力念書、念好大學、進入好公司」這種容易理解的「理想」，而感到不安吧。

再過二十年，社會也會有巨大改變

這裡希望父母注意的是，身為父母的我們所知道的社會是「現在的社會」，並不是孩子出社會時的「二〇三〇年代或二〇四〇年代的社會」。

我當學生時，任誰也沒想到現在會是個銀行員不斷被裁員的時代，在我念的大學裡，也有很多是考慮了各種職業後選擇在銀行就業的同學。可是現在銀行員甚至被認為是最容易「被ＡＩ取代的工作」了，才二十年，社會就發生這麼大的變化了。

二十年後的未來，誰也無法預測，儘管如此，卻對孩子喜歡且熱衷的事說出：「那對未來沒有幫助，不要做」、「這個看起來對未來比較有用，你就做這個吧」，這只不過是父母的自私想法。我已經說了好幾次了，未來任誰都不知道。

只要回顧過去就可知道，二十年前誰預測得到會有一個叫做「Youtuber」的職業產生呢？

現在的正確答案說不定在孩子出社會時完全派不上用場，身為父母的我們必須意識到這件事。

如果您感到「話是這麼說，可是眼前的學習狀況很讓人擔心」

實際上在中學的入學考試現場也會發現，那些成績好、能開心學習的學生父母都讓孩子加強他的「喜好」，邊提升本人喜歡的事、擅長的事，邊將「不擅長的事也在可能範圍內努力看看」，朝這個方向努力，孩子也容易發揮能力。

相反地，明顯表現出著急樣，叫孩子所有科目都要努力的父母，孩子的成績進步幅度不高，因為這些孩子沒有自己的「擅長科目」。

跟這些家庭的父母說「偏執」的事時，也有父母說：「話雖這麼說，可是老師，這麼做的話，考試時沒辦法拿高分喔，會落到後段班，那樣就糟糕了。」

這種時候，我會提出以下做法：

「如果真的想讓孩子發揮能力的話，請一定要下定決心，接下來兩個月內，乾脆一點，不要針對考試念書，然後，試試讓本人用他喜歡的方式念他喜歡的科目。」

從結論說起，大家實行了這個方法後，分數並沒有大幅下降。因為到目前為止，四個科目都想要徹底學習，結果沒有任何一個科目學得好，因此即使沒有針對考試念書，結果也沒差很多。

讓這些孩子先花時間念他有興趣的科目，也就是有機會拿分數的科目，而剩下的科目就以本人已經懂了的部分為主，大人再幫他選一些內容：「只把這些部分念一念吧。」

如此一來，「只有花很多時間念的數學分數提高」，確實取得「偏執之下的成

績」，至於其他沒念的科目，有些人分數會下降，不過也有不少例子是意外地沒差多少。

這是怎麼回事呢？總之先讓孩子念有可能拿高分的科目，其他科目因為「剩下的時間不多，所以只念部分就好」，這樣減輕負擔，孩子就會想「只念這些真的可以嗎？好，那我念！」而較容易花心力念。

如此一來，考卷就會從以前的「雖然幾乎所有答案欄都填滿，可是很多題都被打叉」，變成「答案欄有很多空白，不過有答的那幾題都對」，這樣的結果就是**整體都往上提升**。

雖然這兩個月須要鼓起勇氣忍耐，不過只要忍耐一下，就能加強孩子的強項。由於我是中學入學考試指導的專家，確實在有把握能達到一定程度的成果之下，會給予協助，可是，即使沒有專家協助，做法也是一樣的。和孩子一起選「我認為做得到的事」，讓他自己花心力做，不久孩子就會變成自己主動選出「我要花心力在什麼上面呢？」

將方向從「總之就是全部做過一遍」，轉換成「孩子自己選出擅長的領域」，這樣一來，孩子就能成長為在學習的所有場合上，都能自己主動找事情做。

觀察孩子的遊戲方式，可看出孩子的「天才」

孩子和大人不同，他們不具備「做之前就先放棄」這種思考迴路，無論哪個孩子都充滿好奇心，他們的特性是面對眼前的事物，會湧現「這是什麼啊？」「我也要做做看」的心情。

可是，在成長的過程中，或許經歷過幾次不順利，或許是周遭大人跟他們說：「你不適合做這個，別做了吧」、「別做那種事，做這件事吧」，被否定了幾次，原本自己想「做做看」的機會就漸漸減少了。

即使大人是為孩子好才給的建議，可是結果卻是降低了孩子想做的欲望。因此大人需要在一旁守護孩子「想做做看」的心情，如此一來，孩子才會不斷找出他們喜歡的事而不斷變厲害。

這種「喜歡」、「擅長」正是孩子與生俱來的才能，也就是「天才」。

找到孩子眼睛閃閃發亮的瞬間

我這裡所說的「天才」和世俗所認知「特別的人有的特別能力」有所不同，而是指每個孩子擁有的、可是周遭大人還沒發現的才能和個性。

發現天才的方法其實很簡單，「這個孩子在做什麼的時候看起來很開心呢？」只要找到孩子眼睛閃閃發亮的瞬間就好了。

特別是孩子在玩的時候，是發現「天才」的黃金時段。

這些遊戲時間是他們從各種制約解放出來，最能表現出原有的自己，隨自己的意志去動腦和活動身體的時間，遊戲時，「孩子原本的姿態」會出現。

在圖畫本上塗鴉時，沒有孩子會想「為了整體的平衡感，我要左右對稱畫好」吧，全都是他想畫什麼就畫什麼的塗鴉。

父母如果看到孩子眼睛閃閃發亮地塗鴉時，就稱讚他們吧，例如「鱷魚從池塘裡把頭探出來了呀，好有趣啊」、「這個女生的洋裝顏色，你塗得很漂亮喔」、或是「你認真畫了三十分鐘耶，你好努力喔，好棒」。

只要有在父母眼中看來「好棒」、「好有趣」的事情的話，就誇讚他們，只要這樣做就能磨練出孩子的「天才」。

從「喜歡的遊戲」當中可看出適合的學習方式

順帶一提，從孩子喜歡的遊戲當中，可以看出孩子的感覺，因為在孩子喜愛的遊戲裡，會顯露出他擅長的「學習方式」。學習什麼、適合學習的方法，可以從孩子的遊戲方式中看得出來。

例如若孩子喜歡的遊戲是塗鴉的話，他的「天才」的嫩芽或許是在「掌握事物影像的能力」或是「想像力」、「感同身受的能力」上，喜歡畫畫代表他視覺能力很強，因為在畫畫時，要擴充想像力，也必須對畫出來的對象有同感。

這樣的孩子在學習其他事物時，採取「使用顏色和圖案來說明」、「在聽說明時，腦中浮現景象」這些方法的話，他會學得比較快吧。

下面我整理了「喜歡的遊戲」和「由此看出的才能」、「適合的學習方式」的表格。當然這個表格不代表全部，請把它當作是找出孩子隱藏著的才能和適合他學習的方式的一個參考。

▲從孩子喜歡的遊戲當中了解適合他的學習方式

喜歡的遊戲	看得出的才能	適合的學習方式
捉迷藏	推測劇情的能力、編故事的能力	猜謎形式、請孩子邊附和邊聽父母說話
跑跑跳跳的遊戲	靠感覺判斷的能力、律動感	要他集中精神時不用太在意有沒有端正坐好、短時間內精簡學習

塗鴉	靠圖像判斷的能力、想像力、感同身受的能力	使用顏色和圖片說明，讓他在聽的時候腦中也能想像
改歌詞、接龍	理解語言的能力、律動感、記憶力	叫他念出來或念給他聽、利用諧音
積木、樂高	掌握空間的能力、立體感、應用能力、從錯誤中學習的能力	先整理完問題的構成條件後再思考，把詞彙分段拆解並造句
勞作	想像力、手指靈活力、立體感、觀察力	在學習時先讓他看整體樣貌，讓他自己思考解題，他較能接受，適合原因和結果都很清楚的學習法
玩娃娃	感同身受的能力、編故事的能力	在學習時舉具體的例子，慢慢掌握每個單元的重點再仔細學習
遊戲（角色扮演）	收集整理資訊的能力、調查力、持續力	多做能看到進步幅度的小考，準備字典和網路等能查資料的工具
遊戲（射擊）	瞬間爆發力、突破難關的能力	限時內完成練習題
遊戲（拼圖）	靠圖像判斷的能力、從錯誤中學習的能力	使用顏色和圖片說明、動手學習

您是不是想把孩子打造成您期望中的模樣呢？

能否「找出孩子的天才」的根本就是「您是不是將您的設計圖硬塞給孩子呢？」這個問題。

在研討會和面談時，只要提出「您希望孩子成長為什麼樣子呢？」這個問題時，幾乎所有的父母都說：「希望他如己願過著幸福的生活。」

可是現實上，大部分的父母都是把自己的設計圖塞給孩子，每個父母都在潛意識當中試圖從孩子身上找出和自己的共同處，然後希冀孩子和自己一樣，如此一來就在不知不覺間讓孩子按照自己的想法走，結果就有可能摘了孩子「天才」的嫩芽。

「積極回饋」會培育出態度積極的孩子

到目前為止一直闡述當父母的只要發覺到孩子有喜歡的事物，並盡全力配合他，就能將他這方面的「喜好」和「幹勁」提升，如此一來，孩子的「擅長之事」就會更加擅長。

這節將要介紹一些能讓孩子更加熱衷他喜愛的事物的方法，以及提高孩子「積極度」的誇讚方式。

當孩子感到「自己好像也做得到」時，就會想去做

所謂的「積極度」，用孩子的語言來說就是「我來做做看好了」。

因此，若希望自己的孩子變得積極的話，只要增加這種「我來做做看好了」的機會就可以了。

在孩子覺得「我來做做看好了」之前，會出現「我好像也會」、「好像很有趣」、「好像有好事會發生」的預感，正因為有這些「好像會」的雀躍感，才會想要付諸行動。

還是說您周邊有哪個五歲孩子會這麼說嗎：「好像很辛苦，好像會很痛苦，不過只要披荊斬棘過了這關，自己將會有很大的成長。」我想應該不太可能有吧。另一方面，應該是有很多三歲孩子抱著雀躍的心情咬牙試著溜滑梯後，又說：「等一下也要溜另一個看看！」

也就是說，「好像做得到」這種預感越多，化成「我來做做看好了」的想法並踏出一步的機會也越多。

想要讓孩子挑戰新事物時，有很多父母會覺得反正只要讓孩子體驗就好了，於是會對孩子說：「你就先做做看」、「不要問那麼多，做就是了」。不過比起這個方法，下點功夫讓孩子感到「我做得到」，然後引導他們自然產生「那個也想做做看」、「這個也想做做看」而自己踏出那一步，更能增加他們的積極度。

而增加那種「好像做得到」的預感最有效的方法，就是「在日常生活中就積極給予反饋」。

例如孩子在沙堆上玩。

他興致勃勃地說：「我要做富士山！」而堆起一座山，但卻在堆的途中倒塌了。

此時，父母很容易就會說出：「啊，因為你根基沒打穩就往上堆，才會倒塌啊。」

父母自認為是給建議，但是孩子接收到的訊息並不是這樣的，他們只記得自己沒做好這件事。

另一方面，也有父母會說：「雖然山倒了，不過你堆了一個小時，真的好棒呢。」這就是「積極的反饋」，誇讚他有做到的部分。

前者的孩子在下次遇到新的事之前，容易先想「如果又沒做好會很煩，算了，不要做好了。」

後者的孩子會留下「我努力了一個小時」這個記憶，因此如果又有機會父母邀他「來做做這個勞作吧」，他可能剛開始會不情願地拉長音說：「欸～」，不過只要告訴他：「只需要三十分鐘喔。」他就會轉念想到「我做富士山做了一個小時，三十分鐘的話應該沒問題，那我做做看。」

最重要的就是不要太重視「最後的結果」，如果以「完成」、「沒完成」作為判斷的標準，會少掉很多誇獎的機會。

儘管結果不盡人意，不過從中一定可以看出他的努力，或是他有特別下工夫的地方，就是要誇獎他那些地方。

誇獎一些理所當然的事，可以讓孩子將理所當然的事做好

繼續談談誇獎孩子的方法吧，不善於誇獎的父母，容易認為孩子做的事都是「理所當然的」。

不斷誇獎「理所當然的事」

例如孩子來報告：「我寫完作業了。」的確，作業在大人看來是理所當然要寫的，但是如果此時說：「那是本來就應該要寫的，不用每次都來報告」的話，孩子還是會很沮喪吧。

此時換說：「做完作業很累吧，你好棒喔。」孩子就會成長為「把理所當然的事做好的孩子」。

「誇獎這樣的事好嗎？」也有些父母會對此感到驚訝，可以的，不斷誇獎吧。

小事不斷被誇獎的孩子，以後就會挑戰新事物。

說個題外話，學校和補習界裡有很多「習慣說否定話語」的大人，因此我在自己開的個人補習班裡，要求老師要培養「在×裡找出○的能力」。

針對「×」的題目說出「你完全不會啊，再做一次！」這種事大家都會做，不過只要誇獎他說：「雖然結果是錯的，不過你看，一開始的算式是對的，下個計算方式也對，這表示你有理解題目的解法。」至於接下來能不能夠不著痕跡地說出：「再想想看這之後會變怎樣」，就看各個老師的功力了。

總而言之，平常就笑臉常開的人更容易學到「在×裡找出○的能力」，因為常笑的人總是看到事物好的地方，不會只看「最後的結果」。

注意不要用錯誤的方式誇獎

如同剛才所述的，在孩子成長過程中誇獎他們很重要，雖然希望父母能不斷找出他們做得好的地方來誇獎他們，不過有幾點需要注意。

①不要和別人比較

「你比○○厲害呢」、「你是班上第一名耶，比大家都厲害呢」，像這種加入和別人比較的誇獎方式，現在馬上停止，如果您心中已經習慣和別人比較，努力改掉這個習慣吧。基準若變成「是否比別人優秀」，會變成極度在意周遭孩子的考試分數，也可能會看不起比自己差的人。

②本人不開心的話就不要誇獎

例如有個足球比賽，自家孩子取得一分，對方的中前鋒取得三分，導致自己隊伍輸了，孩子覺得很不甘心而哭了，這時如果說「你拿到一分很厲害耶」的話，會造成反效果。

「誇獎」有將本人的幹勁轉成自信的效果，但是如果本人沒感受到那股幹勁時誇獎他的話，反而會傷到他。

雖這麼說，不過天下父母心都想給努力的孩子一些讚美吧。

此時可以說「爸爸覺得你很棒」或是「媽媽覺得你很帥氣」，一定要用「我（I）為主語」的「我個人的意見」來傳達給他知道。

「或許你無法接受這個結果，不過我覺得你很棒，所以我擅自感到高興喔」，這樣就OK了，不需強要求孩子要認同「好不容易都取得分數了，一定要很高興」。和這個比起來，「我個人的意見」比較重要。

③對於違反社會常規的事不給予誇獎

這是一定的，沒有任何父母會在看到孩子在別人家的外牆塗鴉時讚美「你畫得好漂亮」吧。

如果此時對他說「你畫得很好，隨時隨地都畫吧」，或許能夠提高他的繪畫才能，但更糟糕的是他會變成一個不遵守社會規範的人。

在越出社會常規時，必須用堅決的態度斥責他。

「建議」，在孩子有需求時再給就好了

有時會遇到不只想誇獎，「還想給一些建議讓孩子更上一層樓」的情況。

此時，可在誇獎他做得好之後，說：「還有可以做得更好的方法，你要不要聽聽看呢？」製造個讓孩子順勢上車的機會。

把整個情況製造成接受建議的氛圍，孩子應該會上鉤，表示「我想聽！」此時再告訴他「想要堆出大山的話，就要先把根基打好喔。」

要想辦法讓孩子願意聽接下來的建議。

若孩子並沒有「想這麼做」的話，「這麼做就能做出大山喔」這種建議也只會讓他覺得「不要逼迫我！」而產生抗拒心理。

「建議」，在孩子有提出需求時再給就好了，這是鐵律。

沒有孩子不具好奇心，找出孩子好奇心的方式

前面介紹了「讓孩子熱衷某事的誇獎方式」，不過來找我商量的父母當中也有人提出「我的孩子對任何事都不熱衷，是他沒有好奇心嗎？」

我能保證的只有一件事，「絕對沒有任何孩子不具好奇心」。

很難看出孩子好奇心的三個原因

只不過若有以下三個原因的話，好奇心就很難顯現出來。

①仔細研究同一件事的孩子

「這個孩子很喜歡看書呢」，能發現這件事是因為孩子看完一本書馬上看下一

本書，如此看了很多書。

另一方面，有些孩子不管前天、昨天還是今天都翻同一本書，看的速度也很慢，同一頁反覆看很多次。

面對這樣的孩子，或許就很難看出他「喜歡看書」，父母就會認為「他一直看同一本書，沒有變化」或是「他對新事物沒有好奇心」。

但是，一直看同一本書的孩子有可能是在品味著同一個故事時，邊加入自己的想像，他可能是從書中獲得靈感，然後按照自己的想像編故事，天馬行空想出書裡沒寫的角色和場面。

靜靜地擴展自己世界的孩子容易被誤會成「沒有好奇心」，不過這種孩子還是有他獨有的好奇心和研究心。

②會體恤到周遭人心情的善解人意的孩子

有些孩子在投入自己覺得「好棒」的事物之前，會先偷瞄一下父母的臉色，他會瞬間觀察「投入這件事物後，爸爸媽媽會高興嗎？」這樣的孩子很善解人意，但他這樣也容易習慣稍後再考慮自己真實的心情。

面對這種類型的孩子，只要父母持續實踐「認同」、「守護」、「等待」，孩子就能成長為對於自己覺得「好有趣」的事也能天真地投入的孩子了。

③把自己的興趣強加在孩子身上的父母

當父母「希望孩子對某個領域有興趣」，就會買書給孩子或帶孩子去參加活動，但即使這樣做，孩子還是一貫沒表示興趣，此時就有人認為「這孩子沒好奇心」。

實際上這個孩子有對其他事物表現出興趣，但父母對那個領域沒興趣，所以很難發現孩子的好奇心。

如果您發現孩子「怎麼都沒有好奇心」的話，就先反問自己「是否只是自己沒發現孩子的好奇心」。

所有的孩子都有好奇心，以這個為前提，好好觀察孩子吧，如此一定能發現至今沒看到的好奇心。

發現孩子的好奇心絕不是什麼難事。

當感到自己是「容易否定孩子的父母」時

閱讀至此，可能有些父母感到「啊，我真的很容易否定孩子」。只不過，如同之前說過的，不需要反省或責備自己，因為您已經獲得新知識了，只要再前進一步即可，這是好現象。

大部分會不自覺地否定孩子的父母，都是從小就想著「讓父母安心」、「想達到父母的期望」這種從小就一直努力的人。或是以前父母沒說很多，但自己在大學入學考試或找工作時受到挫折的人。

認同自己至今的努力

從小就想達到父母期望的父母或許有種不安感，認為「如果孩子沒有像自己這麼努力的話，將來會很困擾吧」，這種不安感會特別注意到「孩子這個也不會，那個也不會」，於是再怎麼也無法認同孩子現有的樣子。

在此開個處方箋給這些努力至今的父母，首先，「認同自己至今的努力」。

「我很努力當個好父親／母親，果然很累呀」、「現在回想起來，每天都很拼命呀，這樣的我也做得不錯，我好棒」，先這樣回顧並認同自己至今的努力，如此一來，心情會倏地變輕鬆，不僅對孩子的看法會改變，看整個世界的景象也變得不同。

「這個道理雖然懂，但要認同自己很難」、「我真的沒做什麼努力……」或許也有些人像這樣不擅於認同自己。

但是，您已經夠努力了，看看下頁的「努力清單」，勾選一下自己有做到的項目，應該可以實際感受到您身為父母每天為各種事努力著。

努力清單

您已經夠努力了，除了身為父母的您之外，還有誰會為自家孩子做這些？

- □為了讓孩子隨時穿乾淨的衣服，不時地洗衣服
- □一天和孩子吃一次飯以上
- □自己訂進度打掃，保持房間清潔
- □確認孩子刷牙有沒有刷乾淨，並幫忙刷乾淨
- □孩子生病時，帶他去醫院
- □孩子在旁吵鬧說「你看你看！」時，您會放下手邊工作聽他說
- □念故事書給孩子聽，陪他玩耍
- □知道孩子喜歡看的電視節目
- □在孩子生日和耶誕節時，會思考要送什麼禮物讓他開心
- □聽取孩子的要求，帶他出去玩
- □和另一半（或是老師等身邊的大人）談孩子的事
- □工作時會突然想到孩子
- □路上聽到「爸爸！」「媽媽！」的叫聲，會心一驚不自覺地環顧四周
- □每天都會看孩子從幼兒園、小學拿回來的通知單

問問看另一半的人生觀

容易說出否定話語的人還可用一個方法，就是借助另一半的力量。

您的另一半應該是跟您不同個性的人，如果另一半是開朗豁達的人，您就可以請他幫忙：「因為我會忍不住碎碎念，所以在外面玩時，請你看顧孩子吧。」

問問另一半的想法，「雖然和自己的想法不同，不過也有這種想法啊」，只要能這樣沒來由地「認同」，心情也會大不同。

以我家為例子，我太太和我的個性完全不同。

我是徹頭徹尾的樂天派，總認為「船到橋頭自然直」。

另一方面，我太太則是凡事都做好萬全準備的類型，和人有約時，一定提早十五分鐘到，如果忘了帶什麼東西，就沮喪到不行，學生時期也是考試前會很認真準備。

而且，我正在寫這本書的時候，正在準備中學入學考試的兒子的個性，和我一模一樣，考試前不焦躁，完全不緊張。

不難想像我太太看到兒子這個樣子，有多著急和焦躁吧，「差不多該開始念書了吧？」「你已經放棄念書了嗎？有時間看電視的話，應該還有其他該做的事吧？」常有這種她忍不住碎念的情況。

正因為如此，確認兒子最後準備狀況的是我，相似的人會互相了解，所以我就跟太太說：「看來沒問題吧」就了結了。

兒子也是悠然地說：「對啊對啊，沒問題，沒問題。」我太太則是半開玩笑地說：「這對隨興白痴父子！莫名其妙！」在心情上妥協了。

如果您的另一半和您的個性一樣，很難從不同觀點來和孩子相處的話，就聽聽雙方父母親的說法吧，容易否定孩子這點若夫妻都很像的話，解決問題的切入點可能在爺爺奶奶的教育方式上。

自己比較遺傳到爸爸或媽媽的想法？只要認清楚這點，對待孩子的方式也會改變。

而且有時是您認為「另一半也這麼想」，但往往只是「實際上是另一半在配合我而已」，夫妻雙方坦承談談彼此的人生觀吧。

製造機會讓別人誇獎自己

有些父母是在成長過程中，自己的父母沒特別對自己說什麼，但自己在大學考試或找工作等人生的重要關頭時，走得不是很順利，於是對自己的經歷感到有些缺憾。

因為一直在意著自己無法朝期望的道路前進，因此「不希望孩子步上這種後塵」的心情很強烈，因此想用不同於自己成長方式的方法來教養孩子。結果，就容易變成「動不動就插嘴」、「對所有事情都否定」。

但是，即使想在孩子身上彌補自己沒獲得滿足的感受，也絕對補不起來，無論孩子多有成就，那個洞永遠都補不起來的，重要的是要這麼想：「儘管這不是我當初期望的人生，不過這樣也很好」，藉此原諒自己和父母，能認為「現在的自己也不錯」，內心的乾涸就會獲得療癒。

然後，在原諒自己的同時，也找機會讓家人和朋友盡情稱讚自己吧。

不善於誇獎孩子的父母，通常是因為自己沒怎麼被稱讚，因此想要在教養孩子時誇獎他的話，首先請另一半稱讚自己，夫妻間也互相稱讚，這是最好的方法。每天都被稱讚的人就能夠稱讚別人，相反地，沒被稱讚的人就無法稱讚別人。

工作回家後，有人對自己說：「你辛苦了，今天也很努力工作了吧。」吃完飯後，聽到別人說：「很好吃喔，謝謝你。」打掃完房間後，聽到：「謝謝你，房間變得很乾淨，看起來很舒服。」一天三次，被稱讚的次數增加的話，誇獎孩子的次數就會壓倒性地增加了。

〔專欄〕

將負面解讀轉成正面解讀的祕訣

越是拼命考慮孩子的將來，越會看到那個「將來」和「現在」間的鴻溝，就越會看到孩子的諸多「缺點」，這是很自然的。

雖說這是出於祈願孩子順利成長才有的心情反應，但是依父母的基準看來是缺點的部分，真的是缺點嗎？那倒也未必。

覺得孩子「好讓人困擾啊」、「這樣下去沒問題嗎」的這些部分，換個角度看，說不定是父母不用再教，也不用再鍛鍊，就是已發揮出來的「魅力」了。

並非「靜不下來」，而是「充滿好奇心和行動力」；並非「沉默不語很消極」，而是「有深度思考的能力，仔細思考到能接受為止」，就像這樣，試著把負面解讀轉成正面解讀看看。

轉換的祕訣是要抱持「這個孩子很棒，絕對做得到」這種不容動搖的信任，這也是我本身實際上抱持的信念，無條件相信「我的孩子沒問題」吧，如此一來，乍看之下是負面的表現，轉念想一下「把這個行為正面解讀的話，會變怎樣呢？」

第3章

聰明孩子的父母「不會給予太多」

「給予太多」會剝奪孩子的精力

阻礙「守護教養」的一大原因是父母「給予太多」了。

因應孩子的興趣給他們適當的體驗機會是很好，但是看到越來越多的父母因為太認真思考孩子的未來，而給他們太多，無論是物質上的還是體驗上的，這個也給那個也想給，連孩子沒期望的東西也給的話，就只是「硬塞」而已。

舉一個簡單的例子，有些父母在孩子還是小學生時，就把他下課後的時間排才藝課排得滿滿的，以「三十分鐘」或「一個小時」為單位，才藝班的行程排得像大公司的總經理一樣滿。

到學校附近接孩子放學，在車裡換衣服，送到體操教室，之後去上英語會話課，隔天去上電腦程式設計課，週末則參加「感覺有意義」的活動。

就像這樣，父母給孩子很多在他們看來「對教育好的事物」，而接受這些事物的孩子，大家的成績都很好、學得很快嗎？很意外地倒也不是這樣，現實是反而很多孩子的學習狀況都不好，成績沒進步。

利用補習班「先跑進度」的父母

有位母親讓我留下很深的印象。

那位母親為了讓孩子先學到學校之後會教的內容，讓孩子去上很多才藝班。當她知道體育課將要上單槓，就在一兩個月前請了體育的家教，特訓教她孩子翻身上單槓。知道美勞課上需要畫畫，就把孩子送到繪畫教室特訓。就像這樣，她讓孩子先學學校將要上的課程，想把孩子教育成「什麼都會的萬能孩子」。

再來看看她孩子的情況，雖然不是那麼討厭學所有的才藝，可是也不是太喜歡，他在學校會被誇讚「你什麼都會好厲害喔」，可是他心裡想「因為學過了啊……」，並沒那麼開心。

為了孩子好而讓他學的才藝，對孩子而言卻變成是「只是機械式地完成」，這在現實上無法轉化成孩子的心靈能源。這麼認為的我問了那位母親為什麼要用這種形式讓孩子學才藝，她回說：「因為我不希望他在大家面前曝露出他不會而受傷啊。」

這種父母出乎意料地多，特別常見於讓孩子念私立小學的父母身上。或許他們認為這是「入學考試」的延長，「不能讓老師看到失敗」這種意識在作祟。

可是前面也說過了，被塞了這麼多東西的孩子，之後幾乎都很難進步。

這麼做確實領先別人，「比周遭的孩子更早體驗」，但那不會導致「讓能力開花結果」。

另一方面，嚴選一兩樣真的喜歡的才藝來學，或是都沒學才藝的孩子，有時會有令人驚訝的長足進步。

也有以下這些例子：一週只去真心喜歡的實驗教室上一次課的孩子，理科成績大幅上升；沒上任何才藝課、空閒時間都自由度過的孩子，不知為何成績是全學年最高的。

有的孩子被塞很多東西卻無法進步，有的父母看似不怎麼管孩子，卻開啟了孩子的能力，這兩者間的差異是什麼呢？這章就來思考「不給予太多的教養方式」。

「發呆時間」會讓體驗變成自己的東西

讓孩子去上才藝課，帶他去參加各種活動，買些似乎很好的教材給他，讓他們體驗各式各樣的事物，這些事情乍看之下似乎是很棒的帶小孩方式，那為什麼孩子無法進步呢？

將體驗轉化成自己的東西，是需要時間的

其理由可從孩子將「體驗到的東西」轉化成自己的東西這段過程來說明。

說到孩子將體驗到的東西變成「自己的東西」，也就是咀嚼這些體驗時會呈現出什麼樣子呢？大部分從父母眼裡看到的都是「發呆的狀態」。

孩子會邊在客廳滾來滾去邊想到「今天英語課學到的歌好有趣啊」，或是在呆呆地看著電視時發現「啊，這個游法，今天有學到耶」。在這樣的時間裡，孩子會把自己體驗到的事物轉化成自己的東西，這是孩子的「學習」方式。

孩子把體驗過的事物轉化成「自己的東西」會花一點時間，正在學習的那段時間裡，是無法掌握到其精髓的。

所以，如果在一天裡讓他學好幾樣才藝，或是每天都學各種不同的才藝，他會在頭腦還很混沌的狀態下就去下一個才藝課了，因為他太忙了，無法有時間發呆想出學過的東西，就無法將學過的內容轉化成自己的東西。

如此一想，選才藝課時把火力放在本人有心想學學看的課程上會比較有效，這樣您應該能認同了吧。在孩子的時間裡，自由的時間越多，孩子越能自由發揮想像力，在這段時間內他就可以慢慢確認體驗過的事並吸收。

有學習到體驗的東西時，孩子會呈現發呆狀態

將體驗到的內容轉化成自己的東西，也就是咀嚼這些體驗時的孩子，大部分從父母眼裡看到的都是呈現「發呆的狀態」。

所以，才藝必須是「單項奢華主義」，雖然不至於「只選一個」，不過只選一兩項本人有心想學學看的課程，比較容易提高孩子的意願。

一忙碌，「心」就不會動

太忙還有另一個壞處。

只要一忙，就會耗費所有心力在眼前的事上，就無法有「心情波動」，無法期待「今天是上舞蹈課的日子」，或是覺得很懶，「今天不想去上舞蹈課啊」。

沒有心情波動的話，才藝課就變成只是一段完成被要求的事的時間而已。這樣不僅不會進步，在才藝課得到的經驗也無法活用到其他地方。

不管是正面的情緒或負面的情緒，心情隨著才藝課有波動是很重要的，因為這代表孩子本身認為才藝課是「自己的事」。

如果很期待就算了，可是如果孩子說出「我不想去」這種負面言語的話，或許有些父母就會擔心了。如果他看起來真的很痛苦的話，有必要聽取他的意見，跟他說：「如果你覺得很痛苦，可以不要學喔。」不過如果雖然他嘴裡說著不想去，但也沒想要停的話，就說：「是喔，你不喜歡喔。」接受孩子的情緒，在旁守候著就好，或許他只是偶然的情緒低落而已。

將「時間的主導權」交給孩子

我想說的是「將『時間的主導權』交給孩子吧」。

您是不是因為太為孩子著想，塞太多東西給他，而剝奪了他將一整天的體驗轉換成自己東西的時間了呢？

孩子將體驗轉換成「自己的東西」的過程，從父母的眼中看來只是在發呆，有點難懂，不過對孩子而言，這是很重要的時間。

只有被允許有自己的時間的孩子才能夠充分發揮自己「喜好的事」和「擅長的事」。

捨棄「把空閒時間塞滿」這種想法吧，然後，溫柔守護著孩子將體驗吸收到自己心中的樣子。

這樣應該可以讓父母在想著「這也要給、那也要給」時踩剎車吧。

選擇才藝時，比起「讓他學什麼」，「孩子是否會熱衷此事」比較重要

才藝班不要塞得太滿，「單項奢華主義」就好。

當我在教養研討會裡提出這個觀點時，在Q&A時常被問到「那麼，要選什麼才藝才對呢？」

才藝，對有小孩的父母而言是個很受關注的話題，正因為這樣，一不小心，也容易變成父母「硬塞」給孩子。

誰都不知道「這個孩子適合什麼」

我曾負責過一個讓我印象深刻的面談。

來面談的是有小學二年級孩子的父母，他們是個富裕的家庭。

商量內容如下：

「我讓孩子學足球和小提琴，他兩項都很強，但我們也想讓他準備中學考試，那足球、小提琴、考試，選哪一個最好呢？希望老師您幫忙做決定。」

我覺得他們把事情想得太簡單，遂回答：「必須由你們家人自己尋找孩子『喜歡的事』或『擅長的事』的方向後再決定會比較好喔。」但他們回：「但是，從投資和回報的觀點來看，不想讓他走冤枉路，我們想盡全力投資適合我家孩子且對將來有用的事。」

這件事剛好發生在二〇〇八年，正是冰上芭蕾的淺田真央和高爾夫球的石川遼等人以年輕選手之姿在運動領域開花結果，開始受人注目的時期，媒體也爭相報導「要怎麼樣才能教出像真央與遼這樣的孩子呢？」

這對父母可能也受到這種資訊的刺激。

雖也不難理解會受到媒體的影響，不過我總覺得無法認同把孩子視為投資對象這種想法。

說明白點，「這個孩子適合什麼」，誰都不知道。

父母能做的只是好好觀察孩子，「你喜歡這件事吧」、「你擅長這件事吧」，像這樣找出他「喜歡的事」或「擅長的事」，再告訴本人，能做的只有這點而已。

如果認為他很擅長，但卻無視於他本人不願意的心情，強迫他「你就往這條路走」，會耗損孩子自主生存的氣力。

比起「才藝本身」，「孩子熱衷此事的體驗」更有價值

孩子在就學前或小學低年級時，很多時候是去上父母希望自己上的才藝課，因此那時就花了過多精力。

在此重要的是，不要認為「去學才藝」這個過程就一定能得到「所以可以發展才能」這樣的結果，「讓孩子去上音樂課，所以可以發展音樂方面的才能」，因為期望像這樣把過程跟結果相連接，才會有「投資、回報」這種思考模式。

孩子在上才藝課時感受到什麼、之後怎麼活用，每個孩子都不同，重要的是得到了做過這件事的經驗，才藝課內容本身並不是那麼重要，若上課之後的結果是他喜歡且能持續下去的話，對孩子而言是件很棒的事，充其量只是這樣而已。

即便父母大多覺得游泳、鋼琴、英語等「才藝本身」有其價值，但再怎麼對孩子說「這項對教育好」、「以後的時代用得到」，只要孩子沒有興趣，只是懶懶地做，他的收穫就很少，比起「才藝本身」，「孩子熱衷的體驗」比較重要。

因此，才藝要選孩子覺得開心的事。

若說能從才藝當中得到什麼的話，那並不是才藝本身給的，而是取決於學才藝的孩子感受到的程度。

才藝要選孩子覺得開心的事

學才藝這種事，「才藝」本身沒有價值，孩子熱衷學習才有其價值。

不學才藝的好處

也許有些父母對於不讓孩子學才藝這件事感到不安吧，不過不用擔心，因為沒學才藝有個好處，就是親子一起相處的時間會增加。

如果有學才藝，回家後要練習和複習，這時間最少一週要花兩個小時吧，這兩個小時能拿來一起看電視、吃零食，多棒啊。

我家也是，只讓孩子學游泳，其他像英語、電腦程式設計、鋼琴一概沒學，最喜歡「懶洋洋」的兒子會和我太太一起看電視劇，或是一起模仿動畫主角們，生活過得很快樂。

在家裡父母和孩子一起悠閒度過的時光，對孩子而言，也是非常有意義的時間。

「自己選擇」的經驗會帶來很多好處

只要一講到「給予太多不好」，就有人理解為「讓孩子去學才藝或是買東西給他們是不好的呢」，但我的意思絕不是這樣。我要說的只是不要忽略孩子的興趣、關心的事，淨是單方面硬塞東西給他們，或是把時間塞滿到孩子沒有發呆時間。

重要的並不是單方面強迫孩子接受父母選給他的，而是讓孩子累積「自己選擇的經驗」。只有選了自己喜歡的事物，從那裡得到的收穫才會變大，也才能培養責任感和自主性。

尊重孩子的判斷

例如去書店，問他：「你要買哪本書？」讓他選。

此時父母的功能是在旁觀察孩子選擇喜歡東西時的模樣，「喔～他選這種書呀」、「這個孩子對這方面的書也有興趣呀」，只要像這樣認同孩子的選擇就好。

對父母而言，這是練習「認同」、「守護」、「等待」的機會，也可以為自己這個那個都想塞給孩子的行動踩剎車。

對孩子而言，也不只是得到父母買給我的東西，而是可得到「自己決定」的經驗，真的是一石二鳥。

才藝也一樣。

父母希望孩子學英語，可以提議「要不要學英語？」至於實際上要不要學，則由孩子決定。而且假設孩子決定要學，要去英語教室還是線上學習，還是買市售的練習本來念，希望父母能讓孩子自己選擇要用什麼方法學習。

重視孩子的選擇和判斷，孩子學了之後的進步速度也會不一樣，想用自己喜歡的方法做有興趣的事，這大人也一樣吧。

依照目的，父母可縮小選項

「讓孩子選」時需要注意一件事，就是「讓他選」和「放任他決定」是不一樣的。

假設覺得差不多該讓四歲的孩子認字了，而帶他去買習字本，此時，如果說「你可以選自己喜歡的書喔」的話，孩子應該會選假面騎士或迪士尼卡通的繪本而非習字本吧。

讓他完全自由決定的話，孩子會把手伸到本能感到快樂的東西，如果那天的目的是「買喜歡的東西」就沒關係，可是如果目的是買習字本，結果卻買了卡通繪本的話，就不符合原來的目的了。

第1章也說過，孩子要超越「維持現狀的心態」，父母必須推他們一把，為此，父母有必要縮小選項，或是跟他們說「也有這樣的東西喔」，提供新選項輔助。

在這種情況下，可以跟孩子說：「今天我們來買習字本喔，這三本當中，你覺得哪本好？」把選項特定在「習字本」再給他選。

雖然都是些小事情的累積，不過儲存自己做決定的經驗值可以培育長大後決定「如何度過一天」、「如何度過一個星期」、「如何度過一年」、「如何度過一生」的能力。

比起「東西和體驗」，「父母的參與」更能培養學習意願

考慮孩子的教育時，和金錢脫離不了關係，就會因這個因素產生不同類型的父母，有些父母會擔心因為家裡經濟不是很寬裕而無法給孩子足夠的教育，或是有些父母在教育費上不手軟，「看似好的東西」就不斷給孩子。

確實，只要有錢就能提供各種東西和體驗，這是無庸置疑的；但另一方面，孩子的聰明度和給予的東西及體驗是不成正比的。

並不是說給予東西和體驗，孩子就能成長，事實沒這麼單純。隨著現在這個孩子想要的事物不同，給予東西和體驗的成果也會改變。

因此，好好觀察自家孩子現在的狀況，花錢讓孩子體驗他想要的內容，這才能說是有意義的。

只是我覺得現實上，會把錢花在刀口上的家庭意外地少。有很多家庭會為孩子花很多錢，屋裡堆滿進口的益智玩具、讓孩子學各種才藝，但在這種家庭裡長大的孩子，也不必然就會不斷進步。

比起「一流的事物」，「打到孩子心裡的事物」更重要

即使有錢，也無法為了孩子用得高明，這樣的家庭裡會發生什麼事？我聽聞了各種案例，思考了父母的心理，然後發現了一件事：父母只要花錢在孩子身上就滿足了，而沒有看到最重要的部分，即「孩子在拿到父母花錢買到的東西時，有沒有很開心」。

花得起錢的父母特別容易認為「讓孩子接觸一流的東西比較好」，帶他們去一流的補習班，讓一流的老師教，讓他們接觸一流的藝術，吃一流的食物，穿一流的衣服，父母總認為做了這些事，就對孩子的成長有利。

只是，若這麼做，孩子就能按照自己的期望成長嗎？這因人而異，即使給予

孩子大人眼中「一流的東西」，孩子沒有需求的話，就不會產生火花。

不應該從大人的社會中找出普遍認為有價值的東西給孩子，而是要重視「孩子的怦然心動」，看看孩子的心對什麼有興趣，東西價格並不會左右孩子的怦然心動。

不花錢也能變聰明

您希望孩子學習到什麼能力呢？

算術能力、讀懂文章的能力、聽懂別人說話內容的能力、發表自己意見的能力、對於好奇的事能夠自己查資料的能力、問出不懂的事的能力、有提出疑問的能力、在弄錯事情或事情發展和自己預想的不同時，會想「為什麼」並再次嘗試的能力、對身邊周遭發生的自然現象或新聞有辦法問出「為什麼」或是產生興趣的能力……。

想培養孩子這些能力時，一定需要錢嗎？其實不然。

算術能力，親子一起玩數數遊戲就能培養了。

特別是口頭的心算練習，最適合親子在開心玩樂中提高算術能力了，「1＋2是多少？」「3」、「3＋2呢？」「5」、「5＋2呢？」「7」、「7＋2呢？」「9……這要持續多久啊？」邊重複這樣的對話邊提高算術能力。

其他如讀懂文章的能力和聽懂別人說話內容的能力，也都能在親子平常的對話中培養。

例如跟孩子聊聊父母的日常生活，「媽媽今天去超市了喔，看到酪梨一個賣八十八元，我覺得『好便宜！』就買了三個，削皮後發現兩個壞掉了，就想果然還是買之前買的一個一百二十八元的比較好啊。」只說這麼一段話，也能培養孩子的理解能力和聽話能力。

接下來說明「遇到好奇的事時能夠自己查資料的能力」。孩子看新聞時問了個不懂的單字：「『移民』是什麼意思？」就可以和他一起查家裡的書或網路，讓他培養「有好奇的事就查書或網路」這樣的知識和習慣。如果您很忙無法放掉手邊的工作時，就請他「先寫下來」，做一本「疑問筆記本」，週末再一起到圖書館查也不錯。

以上舉的例子當中沒有任何一項需要花錢。

可是，請注意需要有別的東西取代金錢，那就是「父母的參與」。

影響孩子的其實是「父母的參與」

比起金錢，為了加強孩子能力真正重要的其實是「參與」。

有錢是很方便，但錢只不過是道具而已。左右孩子的心，讓他「想知道」、「想學」的因素是和其他人互動的關係，而父母的參與又更重要。

即使不花錢，孩子也能變聰明

想培養孩子某些能力時，一定需要錢嗎？其實不然。例如算術能力，親子一起練習心算就能培養了。

「聰明程度」和「花費的金錢」之所以不成比例，是因為很多時候若花了錢，為了讓頭腦變聰明所需的參與就會減少。

確實，想不花錢只靠父母的努力培養孩子的能力需要花很多心力，因為除了和孩子相處是一定很花時間之外，為了要教孩子，父母必須吸收大量的知識，這也需要時間和精力。

父母每天都很忙，一定會想偶爾偷懶，我自己也是為人父，非常了解這種心情，因此如果真的需要外援或教材，也可借助這些資源。

可是請記住真正重要的是「參與」。

反過來說，即使在教養孩子時花不了錢，只要父母能思考「培養孩子能力時需要什麼樣的參與」並行動，就可補足金錢上的不足。

花錢之前，再想一次孩子需要的參與方式吧，如此一來，就能把錢花在刀口上，這才是「活用金錢的方式」。

有些觀念必須給①「學習是理所當然的」這種想法

這章裡，思考了「不給予太多的教養」，可是，父母真的不需要給孩子任何東西嗎？這章最後要講述「有些觀念必須給」。

第一個就是「學習是理所當然的」這種想法。

父母有「學習很重要」這種觀念的話，孩子也會樂於學習

父母直觀認為「學習很重要」的話，在這個家庭成長的小孩也會樂於學習。

另一方面，如果父母認為「雖然學習很讓人討厭，不過不得不做，你就忍耐吧」，孩子在還沒開始學習前就已經先有討厭的感覺了。

「只要學習，就能知道很多世上發生的事，每天會很有趣喔。」

「和朋友間的對話會更開心。」

「周遭人會信賴你，他們對你說『謝謝』的機會也會增加喔。」

就像這樣，父母自身領略到學習帶來的好處並告訴孩子，這很重要。

「學習」裡大致有兩個要素。

一個是學到知識。

另一個是抱持疑問，想想「這是什麼？」「為什麼會這樣？」

必須先有知識才有可能產生疑問，也就是說可把「學習」想像成靠習得知識打好根基，在那上面播下很多疑問的種子，然後結出很多果實，即靠「學」得到知識，再以這些知識為基礎找出自己有疑問的地方並思考，這樣可以讓頭腦變聰明。

孩子的「為什麼」是個進行「讓頭腦變聰明的循環」的機會

孩子腦中浮現「為什麼」時，就可教他消除疑問的方法。

方法主要有三個，第一個是「查資料」，第二個是「從已知的事情當中去推測『是不是這樣呢？』」第三個是「和別人討論」。

這些都是在家裡就做得到的事，孩子問出「為什麼」時，就查資料、推測、討論吧。

「之前去沖繩旅行時買的香蕉很好吃，但為什麼在超市買的香蕉不怎麼好吃呢？」

如果有這樣的疑問出現，須思考的點有很多。

在沖繩吃的香蕉和在超市買的香蕉種類一樣嗎？覺得香蕉「好吃」的基準是

什麼？香蕉的產季是什麼時候？

針對這些疑問，在和孩子一起查資料、推測、討論時，孩子會覺得很有趣，而不斷產生疑問。

而這些疑問又是得到新知識的動力，於是就會不斷進行「讓頭腦變聰明的循環」。

有些觀念必須給②
獲取資訊的技巧

「有些觀念必須給」的第二個觀念是獲取資訊的技巧。

現今的孩子們接觸到的資訊量比父母輩孩提時代接觸到的多太多了，適合孩子閱讀的圖鑑和讀物很豐富，最大的不同可說是多了網路吧，對生在數位時代的孩子而言，很理所當然就養成「有好奇的事就馬上檢索」的習慣。

資訊多有其好處，但是也很容易誤信資訊。因此，必須教孩子取得資訊的方法，這樣才能適度得到自己需要的資訊。

請孩子「查完資料後告訴我」，孩子就能夠自己查資料

有些孩子為了滿足「想知道」的心情，會想自己找出必要的資訊，也就是會主動取得資訊，這樣孩子的家庭必定常出現「為什麼呢」這樣的對話。「『火』為什麼會燙？」「這麼說起來，為什麼呢？媽媽也不知道，那你查了之後告訴我喔。」「好！」

然後當孩子告訴父母查到的答案後，父母要誇讚他們：「這樣啊，你能找到這樣的答案，好厲害啊。」

藉由這樣的對話，讓孩子累積「不知道的事查一下就知道了」、「告訴別人自己查到的資料，別人會很高興」的經驗。

如此一來不知不覺間，他遇到好奇的事就會不斷自己去查出答案。

查資料時使用的代表性方式除了字典、圖鑑、地圖之外，還有前面提到的網

路，但是在網路查資料時需要注意幾件事。

要特別注意「推薦功能」

首先須注意的是「推薦功能」，這是網站累積個人檢索或閱覽過的資訊，然後依照這些資訊，把相關的資訊當作「給您的推薦」而源源不絕地提供給瀏覽者，在網路購物和影片網站上常看到吧。

例如孩子「想看這輛電車行走的樣子」，而在網站上看電車的影片，之後，電腦上就像是在問「這個影片怎麼樣」般，會出現很多推薦的影片，如果點開其中一個，看完那個影片，又會有下一個推薦影片出現，永無止盡。

孩子看的第一個影片，有解答到他「想知道」的心情，可說是「有益的資訊」，可是在那之後，如果繼續看網站推薦的影片的話，就不能說是得到有益資訊的方式了，因為這只是被影片網站煽動著「您也喜歡這個吧」而已。

在第116頁也說過，學習知識打造根基，在那上面播下疑問的種子，可以讓孩子變聰明。

影片網站的推薦功能，是在產生「這個是什麼呢？」「為什麼會這樣呢？」這些疑問前就出現下一個影片，因此不是「讓頭腦變聰明的循環」。

還有一個，推薦功能的可怕之處在於喜好會被固定，因為不斷出現對自己而言熟悉的資訊，所以會讓孩子的「發現新事物的天線」、「抱持疑問的天線」變狹窄。

教孩子分辨紙媒和網媒的不同

另外，字典、圖鑑、地圖等「編輯過後印成紙張的資訊」和「網路資訊」不同，這也要告訴孩子。

紙媒上的資訊是經過多數人確認過才出版的，可是網路上出現的多是些連是誰說的都不知道的資訊。因此，要告訴孩子不要盡信網路上的資訊，還要加以確認其真偽，像是查查原來的文獻，或是看看能信任的知識分子的發言或紙媒等。

因為整個時代風氣已變成以使用網路資訊為前提，所以讓孩子接觸網路和影片本身並不是一件壞事，不過要告訴他們正確的使用方式，才能聰明使用網路。

有些觀念必須給③接觸各種環境的機會

「有些觀念必須給」的第三個觀念是「接觸各種環境的機會」。

孩子只知道「自己的生活空間」和「今天」的事，無法對自己不知道的事感到興趣，因此大人必須為孩子製造出讓他們有機會遇到超越其生活「空間」和「時間」的環境。

例如只泡過幼稚園裡塑膠泳池的孩子，只要住家附近沒有民營或公營的游泳池或游泳教室，他就會認為所謂的游泳池就是幼稚園裡的那個東西，面對這樣的孩子，父母必須提供讓他們接觸其他環境的機會，可提議「去遊樂園也可以在游泳池裡玩喔，七月要不要去看看？」「隔壁車站有間游泳教室，你要不要去參加體驗課程？」

考慮到孩子一年後、五年後、十年後的狀況，提供接觸新環境的機會很重要。當然孩子對於這個機會感不感興趣，完全是孩子的自由。

孩子不想去新環境時該怎麼辦？

每個孩子個性不同，有些孩子覺得去沒去過的地方會害怕而不想去，或是無法想像要去什麼地方而退縮。

此時，可以跟他說：「因為爸爸媽媽想去，你就跟著來吧。」把他稍微強行帶出去。

如果跟孩子說「這是為了你才出門」，他只會覺得被強迫，如果使出第70頁說明的「我個人的意見」的話，雖然他會碎念「真拿你們沒辦法」，不過就會跟著出門了。

一剛開始很不願意，不過一到現場發現比想像中的有趣，這情況在小孩當中很常見。

這樣的親子出遊如果能變成不經意地接觸到新事物的話，就要對孩子表達出「還好有來呢」這種開心之情。

如果即使出去了，但孩子終究還是提不起勁的話，只要跟他道歉就好：「爸爸覺得很開心呢，你不覺得嗎？不好意思呀。」或是跟他道謝：「謝謝你陪我來。」

不要罵他或數落他，只要覺得「也有這種時候啦」，放水流就好，這樣下次要帶他出去也不會受到上次失敗的影響而降低興致。

當感到自己是「給予太多的父母」時

有些父母看到這裡，可能會深切反省「我至今都無視孩子的興趣而給他太多了」。

這些父母今後要怎麼和孩子相處呢？接下來說明這個問題。

正因為愛孩子，所以給予太多

首先請注意父母自身的感受，這是造成「給予太多」的源頭。正因為愛孩子，所以不想孩子以後吃苦，希望他能發揮才能，過著有收穫的幸福人生，為此，就認為「身為父母的自己一定要努力」而心急，這完全是出於愛的行為。

「這個孩子是我的寶貝，我對他是抱著如此強烈的感受啊」，請您先如此承認自己的感受。

儘管這種感受的表現方式不是很值得讚許，不過您對孩子有這些強烈的感受是很棒的事。

另外，「給予太多」的原因有時是起源於父母「沒自信」。

世間的母親們好像都對自己很嚴苛，我沒遇過哪位母親對自己母親這個身分感到有自信，父親也是，有大半父親儘管對自己的工作感到自信滿滿，但對自己身為父親的表現不滿意。

因為覺得孩子的事很重要，所以會擔心「自己的教養是不是不夠」，想要給他很多來補足自信不足這一塊。

如果是這樣的話，只要父母有自信，和孩子的接觸方式就會改變才是。

如果被說「要有自信」就能變得有自信，就不用煩惱了。突然對父母這個身分有自信很難吧，我自己也是。如果突然有人問我：「你對父親這個角色有自信嗎？」我也答不上來。

此時，就想想對您而言很重要的孩子，只要看到孩子表現很棒的地方，就能對身為父母的自己有信心了。

製作自家孩子的優點清單

下面列出的是名為「我家孩子的五十項優點」的清單。

這個清單有五十個空白欄，當您想要改變和孩子的接觸方式時，可花點時間想想孩子的優點，寫在清單上。

直接寫在這本書上也可以，不過建議可以把這張清單放大影印成A3尺寸，寫在那上面。

當您開始寫後，或許會感到「要填五十個進去竟意外地難呢」，如果只是寫些「很會唱歌」、「跑步很快」等適用於一般大眾「很突出的部分」的話，馬上就想不出來了。

我家孩子的五十項優點

寫上孩子的名字，寫出「優點」。

＿＿＿＿＿＿的優點

1.	26.
2.	27.
3.	28.
4.	29.
5.	30.
6.	31.
7.	32.
8.	33.
9.	34.
10.	35.
11.	36.

25.	24.	23.	22.	21.	20.	19.	18.	17.	16.	15.	14.	13.	12.
50.	49.	48.	47.	46.	45.	44.	43.	42.	41.	40.	39.	38.	37.

因此，也把「這些事真的可以說是優點嗎」的事不吝惜地寫出。「反正他就是很可愛」、「他吃飯時會說『好好吃喔』」、「拇指指甲的形狀很漂亮」等，這些只有父母知道的孩子的優點，要寫多少就寫多少，盡量寫，如此不知不覺間就會啟動「『我家小孩最可愛』的迴路」，寫出諸多孩子的優點。

寫滿五十個後，就把這張紙貼在牆上，且要貼在孩子看得到的高度，和孩子一起看，看著清單，心情應該會不可思議地平靜下來。

這樣就會認為「這孩子有這麼多優點，他一定沒問題的，他應該能夠自己選出喜歡的事物來挑戰」；只要想到「他一定沒問題的」，父母自己也會覺得「我沒問題」，就不會再莫名心急於「這個也想叫他做、那個也想叫他做」。

太過努力，不知不覺間就無法看清孩子，這時就看看清單，想想自己的孩子多麼優秀啊。

〔專欄〕

只要將不安「化為影像」，心情會比較輕鬆

在教養上如果太執著於「不能妥協」的話，迷惘和不安只會不斷增加。

例如吃飯時間，孩子吃飯吃太久時，就有很多父母會煩惱該吃到一半就強制收起來還是要等他吃完。

如果等他吃完，他玩耍的時間就減少了，又覺得他很可憐；另一方面，把食物剩下來又顯得很沒家教，也會擔心營養不夠，父母總會陷入這種煩惱迴圈。

重要的是不追求完美，如果想以時間為優先考量的話，只要跟他說「好了，今天的吃飯時間結束了」就好了。

如果無法下定決心妥協的話，就把父母的不安「化為影像」。

想像一下今天在吃飯途中就強制把吃飯時間結束，孩子會因營養不良而發育不好，而且孩子會變成不管去哪裡吃飯都會把食物剩下的沒家教小孩。您可以這樣想像一下極端的狀況，再想想「真的會變成那樣嗎？」如此一想大概就會覺得「算了，不至於變成那樣吧」而放心了。

最痛苦的是沒有釐清「最糟的狀態」而莫名不安，煩惱揮之不去。試著把不安「化為影像」看看，懷疑一下「真的會變成那樣嗎？」這樣一來，幾乎所有的不安都會消失。

第4章

聰明孩子的父母「不會焦急」

父母的「焦急」會讓孩子無所適從

我這幾年聽了各種父母的煩惱時強烈感受到一件事，就是大家不知道為什麼都非常焦急。

「不否定」、「不給予太多」，即使腦中知道，但還是會擔心「這樣就可以嗎？」或是不自覺地否定孩子，認為「這樣不行啊」，而給他太多看似對教育有益的東西，這種趨勢比以前更加明顯了。

讓孩子不斷換補習班的父母

特別是一想到「中學入學考試」時，父母的焦急心情又更顯著了。

有對父母不斷讓他們的孩子換補習班。

他們讓孩子上A補習班上到三年級，可是總覺得成績沒進步，升上四年級後就換到B補習班，他們覺得B補習班也沒辦法讓孩子的成績如願突飛猛進，所以五年級時又轉到成績優異的孩子們上的C補習班，但是朋友的成績進步了，自家孩子的成績卻退步了，因此就覺得「這個補習班不適合我孩子」，又在暑假前轉到D補習班，在那裡也沒進步，於是他們覺得「可能需要改變補習型態」，就換到一對一的補習班，升上六年級後，又換成請家教。

像這樣，不斷改變孩子學習環境的父母意外地多。

「不斷讓孩子換補習班」這個行為的背後隱藏著「一定有哪個補習班是『正確的』，我一定要找到這個補習班」這種思考模式。

可是換補習班換到眼花撩亂，孩子的成績也不會進步，因為學習內容不連貫，習慣新環境也會對孩子造成很大的負擔。

但可惜的是，這樣做的父母似乎沒感受到孩子的負擔。因為父母不是看著「孩子」，而是只看到「結果」而已。

別人家的孩子做出「好結果」，我家孩子卻達不到，我希望自己的孩子也能有那個孩子得到的「好結果」，為什麼我家孩子得不到「好結果」呢？這一定不是我或孩子不好，是別人的問題，是補習班不好，來換補習班吧——父母會這樣想。

就像這樣，只看到結果的父母因為太焦急了，持續徘徊在追求「理想補習班」的幻影。

這種現象不限於補習班，現在雜誌、書籍、網路充斥著各種「對教養好」的資訊，在這樣的環境中，父母總認為「教養孩子應該有『正確答案』」，不想因為只有自己不知道正確答案而讓孩子吃虧，這正是讓父母心生焦急的原因吧。

為了消弭父母的焦急之心，這章將會先舉出其原因，然後說明「不用焦急的理由」，只要消弭焦急之心，就不會削減孩子的各種可能性。

有些事是失敗過才會成長，不要害怕孩子失敗

父母「焦急」的根源之一是「不希望孩子失敗」。

這樣的想法會以「剝奪孩子挑戰的機會」這種行為顯現出來。

父母面對孩子做的事，會給出「那樣太危險了，這樣做比較安全」、「那樣做沒好處，不要做了」這些「go」或「stop」的指令，這樣孩子就失去「從失敗中學習的機會」了。

讓孩子累積「從失敗中站起來的經驗」

從小父母就先幫自己擋掉失敗的孩子，容易因一點小挫折就放棄。

他會因一點點失誤就說出「我不想做了」，而放棄本來喜歡的事情，更嚴重的例子是孩子會把考得不好的考卷藏起來不讓父母知道。

因為他們會把小小的失誤放大來看，而感到很大的挫折。

另一方面，有些孩子的父母沒有先幫他們擋掉失敗，他們從小就體驗過「有時做得好、有時做不好」的經驗，這些孩子不會把考得不好的考卷藏起來，他們會接受結果並試圖克服。

累積了一些經驗，孩子的表現就呈現出「有克服困難的精神的人」和「沒這種精神的人」。

不過，若您的孩子馬上就放棄現狀，您也不用擔心，只要有耐心地教導他們「失敗並不是不好的事」就好了，父母也要對自己這麼說。「我不想做了」這句話可翻譯成「我很不安，很沒信心」，此時父母可以跟他站在同一邊，說：「你要放棄也可以，可是如果到最後你都覺得討厭這件事的話，有點可惜，我們一起做做看吧。」

隨著累積即使失敗也能從失敗中站起來的經驗，就能把孩子教養成「有克服困難的精神」的人。

孩子是否能成長為能夠克服困難的人，終究是取決於他是否知道「跌倒了，爬起來就好」這件事。因此，必須巧妙地讓他從小就累積「跌倒的經驗」，失敗並不是不好的事。

有些事一定要從失敗中學習

在孩子失敗時最不能做的事是跟他說：「這對你來說還是太難了啊」，而抹殺了孩子用心努力的事物。

無法正視孩子「做不到的狀態」的父母會認為孩子一定受傷了，所以會「剝奪」孩子挑戰的機會。

可是，「不會」絕不是件不好的事，因為所有人都是從「不會」開始學習的。

如同「失敗為成功之母」這句話所說的，「不順利的經驗」是思考下次做法的機會。如果把孩子做不順利的事剝奪走，不讓他失敗的話，就無法培養思考下次該怎麼做的能力，也會失去訓練失敗沮喪時該怎麼調整心情的機會。

還有一件很重要的事是，失敗是可察覺「原來現在我做不到的事，有人做得到」的機會。察覺別人的優點也是生活上必須的，知道很多周遭人的魅力，坦率感受「他好厲害」，在孩子的成長過程也是很重要的。

如果做什麼事都很順利，但卻不尊敬其他人，這種人無法和周遭的人維持好關係，容易變成孤獨的人。

我也不是不懂父母盡量不想讓孩子經歷失敗受傷的心情，但是實際上，認為「失敗就是吃虧」是不對的，「在成長過程中都沒經歷過失敗才吃虧」。就讓孩子累積從失敗中站起的經驗，培養克服困難的精神吧。

「父母的日常生活」對孩子而言也是珍貴的活動

在網路上稍微檢索一下，看一下各縣市的宣傳報紙，就會看到很多電腦程式設計的體驗課或博物館的特別展、運動活動或親子音樂會等各種看起來對孩子教育很好的活動資訊。

也有很多父母看到這些資訊就會開始著急，認為「是不是該讓孩子去體驗更多有意義的事呢？」

我想問這些父母：「你們是不是認為只有需要付入場費或參加費的活動才稱得上是『活動』呢？」

孩子在家中受到的刺激比父母想像中還大

對孩子而言，只是在家中和父母一起體驗「爸爸媽媽的日常」，也是很厲害的活動。

例如在媽媽做菜時，麻煩小孩「幫我拿一下那裡的高麗菜」，讓他看看把蔬菜放入平底鍋裡，會發出「滋滋」的聲音，然後蔬菜就會慢慢縮小，他對這種水分減少的情景會很驚訝，而這個記憶總有一天會連結到其他事，在學物質的三種樣態變化（固體、液體、氣體），他會想到「啊，就像那時的蔬菜！」就像這樣活生生的學習，可以學到和去參加一堂五千元日幣的實驗課一樣的經驗。

父母的日常生活對孩子而言是「體驗的寶庫」，對人生經驗還很少的孩子而言，全都是新鮮的事物。

和孩子聊到父母的工作，就能增廣他的世界；孩子看到父母想買家電時攤開型錄討論的樣子，也能學到各種事。孩子在家中受到的刺激比父母想像中的大，即使不出錢買體驗，在家中也能體驗很多活動。

各位父母要對自己更有信心，即使認為「和自己說話時，這個孩子就會變聰明」也沒問題。

包含才藝班，外出的活動一個星期參加一兩次就夠了，親子一起討論那些活動的內容，去圖書館借相關書籍，在新聞報導中發現「啊，這個，是之前看到的東西！」這樣就能把一個活動擴充到好幾倍的效益，孩子從中學到的體驗能轉成自己的東西。

重要的並不是活動本身，而是以那個體驗為基礎，給孩子讓他自由發揮感受力的時間。

相信孩子的「學習力」，給他們自由活動的時間。

父母的日常生活對孩子而言是體驗的寶庫

對孩子而言，在家中和父母一起體驗「爸爸媽媽的日常」，也是很厲害的活動。

孩子的未來並不是由「父母給予的事物的量」決定

包含才藝課，「不就是一定要帶孩子去參加有意義的活動嗎」這種想法，是起因於父母認為孩子的未來取決於「父母給予的事物的量」這種不安感。

不用擔心，孩子的未來不會取決於「父母給予的事物的量」。

重要的是讓孩子度過多少「自己的時間」。

不要塞滿對父母而言「看似有意義的」才藝和活動，剝奪孩子的時間。在孩子想玩積木時，讓他盡情玩積木，這比任何事都重要。

孩子忘記時間，沉浸於自己喜歡的事物的經驗，能打造他的自我軸心，這能在之後發揮極大作用。

父母開心生活，教養也會較順利

太過焦急的父母的共通點是，他們都認為教養是「一定要努力做的事」。

但是，請您回想一下小時候的事，您有想過「希望爸媽能更努力於教養」嗎？您即便有想過「希望爸媽過得開心」、「希望爸媽和我一起笑」，但應該沒想過「希望爸媽能更努力於教養」吧。

從孩子的角度來看，有時會覺得「為了自己而拼命的父母」很沉重，讓人喘不過氣。其實父母只要維持最自然的狀態就好了。

父母開心，全家氣氛就會很好

在教養孩子時想著「以孩子的事為最優先考慮」，只會疲累不堪。

首先，把自己的生活過好。只有在自己能開心生活、讓別人稱讚自己，才能夠開心教養孩子，並稱讚孩子。

所有開朗教養孩子的父母都有點隨意，以自己為第一考量。您是不是覺得「以自己為第一考量，孩子會很可憐」？沒那回事。孩子也希望爸爸媽媽每天笑著過日子，這樣在教養時，就能不否定孩子且不焦急，對孩子的成長是件很好的事。

唯一希望父母努力的事是什麼呢？

若要說在教養上非做不可的一件事是什麼，那就是「完全相信孩子」。即使現在沒有看得到的成果和行動，也要相信「孩子有他自己的想法和可能性」，只有相信才能等待他本人動起來。

能夠到最後都相信孩子的，只有孩子本人和他的父母而已。雖然持續抱著「不管發生了什麼事，我都相信他」這樣的想法很難，不過這部分希望父母能努力做到。

假使孩子本人已經很努力了，卻受到一些挫折，例如沒通過考試或檢定考、無法在運動比賽上場等，此時要相信「這個孩子一定站得起來」並守護著是件很痛苦的事。

不過即使這樣，也要相信著並等待，這是身為父母最重要的功能，比買東西給孩子或是讓他們參與各種體驗都還重要。

無論您現在的狀況怎麼樣，對孩子而言都是不可或缺的父母

如果苦於焦急的心情的話，照一下鏡子，然後認為現在的自己「這樣就好」並接受自己。

如果現在處於不順利的狀態，或許就無法認為現在的自己「這樣就好」，而一直浮現過去的懊惱。

可是，不管您現在怎麼樣，對孩子而言，您都是無可取代的父母。

那麼，只要為孩子奮力做到「現在的自己」能做到的事就好，這樣就夠了，不需要和別人比較。

只要有「雖然我是這樣，不過我還是這個孩子的父母」這樣的體悟，就能讓心情轉換為「我只要將現在自己做得到的事盡量做就好了」，焦急的心情就會消失了。

教養論是成功的人的結果論，退一步冷靜看待就好

隨著智慧型手機的普及，現在每個人都很容易地就能上網查資訊。網路上充斥著各式各樣的「教養論」，連帶著「這種才藝對未來有用」、「去這間補習班，孩子會進步」等資訊也瞬間飛舞交錯。

整個社會變成大家能同時接收到同樣的資訊，這樣的社會很方便；但另一方面，有越來越多父母隨那些資訊起舞，甚至有人為了早一步獲得有益的資訊，而無法停止網路檢索。

但是請停下腳步想一下，希望您在相信那個資訊前，先培養仔細思考那些資訊的能力。

注意「留存趨勢」

要先輸入腦中的觀念是，那些發布到社會上的資訊只不過是「成功的人的結果論」。

有個詞叫做「留存趨勢」，就是在評論特定的方法論時，沒看到沒被選上的或被淘汰的部分，只看到留下來的一小部分就下判斷。

例如假設有一個熬過斯巴達訓練的運動選手留下了好成績，但在那背後其實有數千數百個無法熬過那樣的訓練而放棄或受傷的人。

只看到成績好的選手，就推崇「斯巴達訓練非常好」，是個非常危險的看法。

同樣的道理用在教養上也通，沒有任何一個教養理論能對所有孩子都發揮效果。

因此，在看某個人的教養理論時，這麼想比較好：「『這個人的家庭』裡用這樣的方法，在『這個人的家庭』有這樣的結果，那是因為是『這個人的家庭』才能產生的結果啊。」

當然，或許有些想法自己也認同或是覺得和自己家的環境相近，此時，會有些要素想馬上採用，不過基本上那些都只是個人的經驗談，是結果論，對於這些結果，建議不要全盤接受，在看的時候退一步想想比較好。所以，這本書裡介紹的我家的例子，也請大家退一步看就好了。

在教養上，「別人是別人，我家是我家」的精神很重要。

這社會上所有的資訊都是「不認識您孩子的人」擅自發出來的，最認真觀察您孩子的人還是您自己。

停止把孩子所有事的決定權交給「不認識您孩子的人」，是較聰明的做法。

別人是別人，我家是我家

沒有任何一個教養論能對所有孩子都發揮效果。看教養論時，解讀為「這是因為是在這個人的家庭裡才有這樣的結果啊」就好了。

只要確實學好「教科書的內容」，全世界都適用

我聽了各種父母的談話內容後，發現大家似乎對日本的義務教育抱持一股無憑無據的不信任感，特別是對公立小學和國中的教育更是如此。[3]

不知道是不是媒體動不動就煽動大家「日本的教育水準很低」、「需要培養全球化人才」、「再這樣下去，日本會被世界淘汰」，甚至讓大家有股莫名的急迫感，以為孩子到了十八歲時，如果不是成績優秀、會說英語、電腦很強、很會運動、有藝術素養的「超級優秀的人」，將來會活不下去。

[3] 編按：此部分內容雖在講述日本的狀況，但日本父母所擔憂的問題，也常見於臺灣父母身上，故可供臺灣父母參考。

有很多父母可能認為義務教育下成長的孩子無法達到這樣的目標，於是讓孩子去補習並上才藝課，想藉此補足學校教育的不足。

那麼，日本的義務教育水準真的很低嗎？

我並不這麼認為，雖說不能怪大家對媒體傳達的資訊感到不安，但冷靜觀察現實，就會發現只要確實接受日本的義務教育，就絕不會被世界淘汰。

日本的教育真的太落後嗎？

OECD（經濟合作暨發展組織）以OECD會員國等二十四個國家和區域的十六歲至六十五歲成人為對象，進行成人技能調查（PIAAC）。

這個調查中調查了「讀寫能力」、「計算能力」、「在科技環境中解決問題的能力」這三個部分的技能，日本人在「讀寫能力」、「計算能力」這兩個部分拿下第一名；在「在科技環境中解決問題的能力」上，使用電腦查資料的人的平均分數，也果然還是第一名，顯示出日本人的能力在全世界中脫穎而出。

這些測試的內容都很簡單，例如「看到網頁，有問題想詢問經營者時，要怎麼做？」「從書本清單裡，找出某本書的作者」等，「在科技環境中解決問題的能力」中三級的題目也只是「您會使用會議室的預約系統預約會議室嗎？」這種程度而已，這只是事務性工作的最基礎能力而已吧。PIAAC的結果當中最讓人感到震驚的是，全世界竟然只有一成的人會做這種三級程度的事，總之日本是第一名。

綜觀國際，日本的經濟力很弱，財團法人日本生產性本部表示在已開發國家中，日本的勞動生產力處於低迷狀態，很多人是因為這樣而產生誤解，但是日本教育的基礎水準是非常高的，以前是，現在也是。

日本的問題是，企業的僱用人才制度和工作方式跟不上時代、大學教育和實際社會的連結不夠、還蔓延著男尊女卑的觀念而阻礙了女性活躍的機會等，這是社會結構上的大問題，但關於義務教育，和全世界比較，也該很有信心。

「只學習教科書的內容」也不用擔心

雖然這麼說，但我自己也不認為「義務教育維持現狀就沒問題」，我認為還有幾個課題該解決，例如老師如何引導出各孩子的特色，這方面的方法還沒確立，還有年輕老師的改革意識會受到決策方（校長會、教育委員會、議員等）老舊意識的妨礙等。

不過，日本的義務教育裡提供的課程，在全世界當中是頂尖的，這點無庸置疑。

國中三年級前，從教科書上得到的知識，是配合孩子大腦和心理發展階段設計出來的課程，這課程內容非常棒。

舉社會科為例，有很多國家連自己國家的歷史都學得不好了，而日本不只學日本的歷史，連其他國家的歷史都有學。而在數學這科，十五歲孩子的能力肯定是世界第一，想去外國留學而參加美國的SAT考試（學術水準測驗考試）時，日本孩子在數學上也都輕鬆就拿到非常高的分數。

因為教育課程本身是世界前幾名，所以「只學習教科書的內容」，在國小國中的教育水準，可說是完全不用擔心。

因此，各位父母，大可相信日本的教育能力，只要確實讀好教科書的內容，基礎就可以打得非常好，足夠在全世界生存了。

要選公立還是私立學校？基準是什麼？

如同上一節講的，日本的教育水準絕對不低，反而可說是世界前幾名。因此，不需要對於日本的教育抱持莫名的不安。在此來談讓父母焦急的另一個原因：要不要讓孩子參加中學入學考試。

在首都圈或關西等大都市圈裡，很多父母在孩子小學三年級時開始煩惱「應該參加中學入學考試嗎？」「要讓他上哪間補習班好呢？」適合我寶貝孩子的是學區裡的公立中學還是私立中學呢？又或是公立的完全中學呢？

在此想談一下「選學校的基準」，不過在這之前，先來整理思考一下「考試」到底是什麼東西？

何時決定「高中生活要在哪裡過？」

讓我們從大學入學考反推回來想想吧，一升上高中，就可以按照自己的意志選未來的出路，父母只要保持「支持本人的決定」就好了。

而在這個階段前，決定「高中生活要在什麼樣的地方過？」就是高中入學考試和中學入學考試了。

念中學時，選擇「參加高中考試」就等於決定了「高中生活要在什麼樣的地方過」，而在小學階段能決定的就是「要不要參加中學考試（或是完全中學考試）」。

高中入學考試和中學入學考試這兩者間，親子的相處方式有很大的不同。要不要選擇參加高中考試，可以在中學的三年裡，親子邊商量邊慢慢考慮。升上中學後，孩子也有某種程度的判斷能力，只不過另一方面，蒐集資訊的能力還是大人比較好，因此，父母可以邊提供「要考這間學校的話，就要用這種方式念書」，邊和孩子討論後說：「最後由你自己決定」而交由孩子決定。

但若說到中學入學考試，就不是這樣了，在決定要念哪間學校前，如果沒讓孩子在小學四年級時去上補習班，搭上考試列車的話，對考試很不利。這麼一來必然地，在孩子還沒具有足夠的判斷能力前，父母就必須「把方向導向」要參加考試。

要在什麼時機點決定要不要參加中學入學考試或高中入學考試呢？其判斷基準是「孩子是否成長到能夠有恆心毅力準備考試」，對那些精神層面還很幼稚的孩子或是因一些心理因素而無法穩定發揮能力的孩子而言，中學入學考試可能還太早了。

常聽這些孩子的父母提到的就是「這個孩子不適合念書」，但是，絕不是這樣的，讓我以專家的角度來說的話，只是「時機還沒到」而已，也就是說，是時機點的問題。沒有哪個孩子是不適合念書的，這點請不要弄錯了。

「公立」和「私立」，到底哪個好呢？④

那麼，公立中學和私立中學，到底哪個好呢？日本的義務教育課程設計得很棒，所以在公立學校也能受到足夠的教育。

雖這麼說，不過確實也有讓人感到不足的地方。

針對公立學校，讓我特別覺得有問題的是「老師每隔幾年就換一間學校」這個制度。

學校是由「人」組成的地方，組成的人不同，整個氛圍也會完全不同，然而公立學校裡，這麼重要的「人（＝老師）」卻不斷替換，即使事前已經先查好要去

④編按：關於公私立學校的差別，臺灣雖與日本的狀況不太一樣，但不少臺灣父母也會考慮是否要將小孩送到私立學校，故可供臺灣父母參考。

某間學校，但卻因為老師更換導致教育方針也很容易就改變了。因此，公立學校的現狀可說是沒有做好仔細面對各個孩子及家庭的態勢。

另外還有一個問題，就是以管理老師為目的的報告資料太多了，這會嚴重削減老師們的人力，這點會依各鄉鎮市長或教育委員會、校長的意識和權力而有很大的差異，大家都想先以行政宣傳報和學校活動等來確認校長的人品吧。

另一方面，私立學校都有個穩固的宗旨、校風，會對外宣稱「我們學校是持續這樣的傳統」。因此，校風不會動不動就改變，長期在任的老師也多，親子都給同一位老師教的例子也不少，就環境的穩定感或安心感來說，無疑地可說私立學校比較好。

那麼，若說到無論如何，一定要參加私立學校考試會比較好嗎？這又是另一個問題了。

如果本人的「自我軸心」已經成熟到一定程度，已養成自主性，有自己的世界觀的話，不去私立學校這種「被約束的環境」也沒關係，反而是比起去校風和自己不合的私立學校，在公立學校還比較能開心上學。

能讓孩子開心上學的就是「好學校」

希望父母注意的是，「公立學校可以遇到各式各樣的人，所以讓孩子在那裡受到鍛鍊比較好」這種想法，這句話是那些在自己的學區出生成長，上學區裡的公立中學和高中，然後成功考上大學的父親常說的話，但要仔細觀察孩子的類型才能判斷孩子適不適合這種做法。

能在複雜的環境裡悠遊生存的，是那些有領導能力或是有突出表現的孩子；如果孩子是不怎麼喜歡說出自己意見的乖乖牌，又沒什麼特別的才藝的話，在現今的公立學校裡恐怕只會被認為是「不起眼的孩子」而已。

另一方面，私立學校是各個家庭考慮到其校風和學校的指導方針適合自己的孩子才進去的，結果就聚集了大致相同的孩子，即使是不大發表自己意見的孩子也能待得舒適自在（相反的，也有些學校淨是聚集些很有主見的孩子）。

也就是說，要說什麼學校比較好，當然不是光看是公立學校還是私立學校，也不是依偏差值或名校來決定，應該還是要看本人的特色來決定，能讓本人待得舒適、開心上學的地方，對孩子而言都是「好學校」。

可以換好幾間學校

說得極端一點，我認為「學校這種地方，只要不適合，一直換也沒關係」。私立學校可以休學，公立學校，即使不搬家也可以轉學，並沒有說只要一進去某間學校就要一直念到畢業。

現在也可利用MOOC（Massive Open Online Courses，大規模網路開放課

程）這種網路講座，上到全世界各大學的課。單以學習層面來說的話，只要會英語和有上網能力，不去學校也沒關係。

只要能看開點，認為「換學校也沒關係」，就可以避免因對未來的不安，而選擇「反正暫且」讓他去上補習班、「反正暫且」先讓他參加私立學校考試了。

當感到自己是「太焦急的父母」時

當看到這裡，是不是有父母認為「我真是太焦急了，因為太焦急，而沒有好好看看孩子」呢？

接下來我想談談有了什麼樣的想法才能不焦急，以寬心的態度和孩子相處呢？

教養上「二勝八敗」就好

首先，希望大家了解的是不需要認為「到目前為止的自己，身為父母，真的是做錯了」而沮喪不已。

先認同「我到目前為止，也按照自己的方式努力過來了」，再想想從明天開始，要怎麼以父母的身分和孩子相處吧。

「我家孩子已經三年級，來不及了」，其實並非如此。

孩子比父母所想的可塑性更高，他們不會因為「父母沒有買那個玩具給我」、「明明我不想去上游泳課，卻被強迫去上」等原因，整個個性就扭曲，孩子不會因為父母一兩次失敗，整個人生就完蛋了。

和孩子的相處時，如果發現「糟糕，搞砸了！」下次改善就好，跟孩子道個歉「抱歉啊」，孩子也能理解的。

教養上「二勝八敗」就夠好了。

有些不如原先預想的，或是在別的家庭裡有做的事但在自己家沒做，假使把這些稱做「失敗」的話，十次裡有八次失敗也沒關係，只要兩次有好結果，在教養上就算相當成功了。

如果再怎麼樣也無法放鬆的話，就花個三天的時間，非常仔細觀察孩子。

這樣應該可以看到一些沒發現的部分，例如「最近他努力做這樣的事啊」、

「和一年前比起來，他已經成長這麼多了啊」。

然後夫妻或整個家庭一起討論孩子的這些成長，如果能發現「自己的教養也意外地有些成效啊」，是再好不過的了。

在父母疼愛下成長的孩子不需要擔心

敘述到現在的「守護教養法」，指的是父母將自己的愛以雙方都開心的形式傳達給孩子，使孩子的才能不斷提升的教養法。

在父母疼愛下成長的孩子不太會長成個性扭曲的人，孩子本就會自我成長，每個人的人生不會那麼容易就崩壞了。

對孩子而言最重要的是，孩子能信任自己。這麼一想，就會發現比起「從小就讓他受比別人多的教育」，「如何傳達父母的愛給他，如何讓他將自己的優點更加擴大」是比較重要的。

相信孩子，相信自己的愛。

〔專欄〕

能念東京大學、京都大學的人數少之又少？

東京大學、京都大學等代表日本的頂尖大學，容易被認為是「特別的人用特殊的方式學習才進得去，對自己而言是個無緣的世界」。

可是現實上並不是這樣，那是個只要花足夠的時間做足夠的努力，任誰都能踏進去的世界。

確實，在昭和時代時，為了這些大學所出的考古題和參考書非常少，資訊也很貧乏，只要沒有遇到掌握「合格祕訣」的老師，就踏不進去這個世界。

可是現在時代已經大幅改變了，入學考試題目隨時都看得到，為了考上所需的參考資料也輕易就能得到。以獲得資訊的容易程度而言，都市和外縣市間的差距也消失了，無論住在哪裡，幾乎都可用同樣條件學習了。

也就是說，只要孩子本人有「想去」的意願，是很有可能進得去的。因此父母不要斷言「那沒辦法」，要讓孩子覺得「我似乎也辦得到」，讓他有自信。

雖然再解釋有點多餘，但我並不是要說：「大家去念東大和京大吧！」只是告訴大家不要因為偏見，劈頭就讓孩子放棄這條路而已。

第5章

爸爸媽媽的煩惱Q&A

允許孩子看多久的電視？

Q

一天可以給孩子看多久的電視或DVD？大自然的節目等內容對教育似乎不錯，給他們看很久也沒關係嗎？（五歲男孩）

A

六十分鐘以內比較適合，看完節目後保留一段「沉浸餘韻的時間」。

雖說醫學上沒有任何根據證明「不能連續看幾分鐘以上」，不過在幼兒期，一次三十分鐘左右，最長也不要超過六十分鐘是比較適合的。孩子看了影像會有所反應或是感動，能讓頭腦和心靈運作的時間最多只有六十分鐘，更長的話，就變成「只是看著播放的影像而已」。

影像會帶來愉悅感，所以孩子或許安靜地專心看著，但如果「什麼都沒想，只享受愉悅感」的時間拉長的話，對孩子而言並不是好事。

給孩子看三十到六十分鐘左右的影片後，保留一段讓孩子沉浸在「餘韻」的時間吧。

例如看完大自然的節目後，他可能會從家裡有的圖鑑當中找出節目裡出現的動物吧，或許他也會想「剛才的國家在地球的哪裡呢？」而轉動起地球儀，或許他會將影片結合到暑假的家族旅行時體驗到的事而發表些意見。看完影片後，如果能喚起孩子自身的興趣和活動，是最好不過的了。

就這層意義而言，看完後馬上說：「好了，吃飯了。」速速進入下一個動作，可說是有點可惜。把「看影片的時間」和「餘韻的時間」視為一組比較好。

如果能把「看影片的時間」和「餘韻的時間」組成一組的話，一天裡設計個兩組或三組也沒問題。

書＝善，電動、影片＝惡？

Q

我女兒還算喜歡看書，但是她也非常喜歡打電動和看網路影片，我自己覺得如果內容不錯的話也沒關係，而且也能從電動和影片裡學到東西，可是周遭沒人同意這個想法，電動和影片是不好的東西嗎？（九歲女孩）

A

反而成長過程中完全沒接觸「電動、影片」才讓人擔心。

如同這位母親所說的，還是很多人有「電動、影片＝惡」這種根深蒂固的想法，我也了解大家因為覺得電動和影片容易受到被動性的刺激，才會對這些產生反感。

但是老實說，那是有點老舊的想法。

看完書後想像自己有那些體驗，天馬行空想像的時間，能夠培養思考能力和想像能力。

另一方面，電動和影片的進化令人驚訝，接下來的時代甚至可說是「成長過程中完全沒接觸電動和影片世界的孩子會比較令人擔心」。

影片可在短時間內傳達大量資訊，電動的世界也可能變成改革現實社會的靈感，實際上也有從小玩電動的年輕人創立IT公司的例子。

微軟開發出來的「HoloLens」這種頭戴式顯示器，像戴護目鏡般戴在臉上，就能體驗眼前一片仿真的「遊戲世界」。這個技術現今已活用在現實社會上，例如消防隊的放水訓練和工事現場的公安講習等。

不只書，電動和影片裡也有些對孩子成長有益的要素，不要死腦筋地否定，請讓孩子有多方面學習的機會。

再者，孩子拿到的書和電動、影片內容的品質好不好，父母要負責確認，避免他們接觸歧視、過度殘暴的內容。

孩子把該做的事往後拖延

Q

我家孩子從安親班回家後，就馬上投入書中世界，作業和明天的準備總是很晚才做，看書不是壞事，可是我總忍不住罵她「把該做的事都做完再看書！」我要怎麼做才好呢？（六歲女兒）

A

打造出「做該做的事的空間」。

她一回家就先看書，真是個優秀的孩子呀。

在此要思考的重點有兩點，「利用安親班的方式」與「想辦法讓他先做該做的事」。

首先第一點，在安親班無法寫作業嗎？如果那些作業是像「念書給爸爸媽媽聽」這種要在家裡才能做的內容，或許可跟安親班老師商量一下，請老師幫忙聽，這樣或許就完成作業了。

安親班不是只幫忙看顧孩子，也是「利用那段時間完成可以做的事」這種「幫助孩子自立的場所」。有效利用安親班的時間，回家後的時間使用方式也會改變。

第二點，是回家之後的問題，孩子之所以會「一回家就馬上投入書中世界」，一定是她在打開玄關大門時就想著「回家就看書」吧，她的心思完全偏向「書」，這時跟她說「先做該做的事」，她也無法接受吧。大人也是啊，如果在和推心置腹的朋友喝酒時，突然有工作上的電話進來，也會心情不好吧。（我的話就不接了！）

祕訣是在家裡打造出「做該做的事的空間」，一回到家先在那個「空間」裡完成明天的準備和作業，完成後再移動到能放鬆的地方隨意看書，可把家裡打造成這樣的動線，就像是F１賽車「進維修站」的概念。

場所改變，心情也會改變，把「做該做的事的空間」和「放鬆的空間」分開的話，很不可思議地，孩子不自覺地就會做起「該做的事」了。

玩具的給予方式

Q

他總是想要類似的玩具，孩子想要的東西應全都給他，還是父母該做適當選擇？還有，當他說出「我想要」時，要讓他忍耐多久？這些我都很煩惱。（五歲男孩）

A

分辨孩子說出的「我想要」的意涵。

大前提是孩子若不知道有某個東西存在，他就不會想要。帶他去玩具店，就創造了認識各種玩具的「機會」。由於玩玩具的是孩子，因此最好選出孩子心動的東西，從孩子想要的東西中，親子一起選出來會比較好。

了解這點之後，必須分辨出孩子說「我想要」裡的兩種意思。

一種是「我想要那個玩具」、「我想要和那個玩具一起度過某些時間」

這種真正的「想要」。

另一種是藉由父母買想要的東西給自己來確認「自己是被愛著的」、「被珍惜著的」的「想要」。

有時孩子說「我想要」，就買給他，結果他回家後完全不碰。這是因為「自己要求，父母就買給我」，這樣已經滿足了。

如果要買，就想買他真正「想要」的東西吧。分辨方式是「暫且回家冷靜一下」，即使孩子在玩具店想要某個玩具，也跟他說：「今天我們先回家，如果明天你還想要，再跟我說，我們再來想想要不要買。」

隔天，如果他還說「我想要」的話，就可以認為他是真的「想要」。他既然這麼醉心於那個玩具，買給他也不為過。

如果玩具多到他自己都不知道有哪些玩具了的話，就不會再為玩具動心了。

讓他選出「真正想要的東西」，也可防止玩具無端增加。

為了什麼念書呢？

Q

孩子問我：「為什麼一定要念書呢？」我答不出來，這時該怎麼回比較好呢？（八歲男孩）

A

想一下對念書有疑慮的「孩子的緣由」。

首先要先理解孩子提出「為什麼一定要念書呢」這個問題時的心情，孩子問這個問題的緣由大致可分為三種模式。

第一個是明明有其他想做的事，卻因為要念書或有作業而感到不滿。第二個是考試考得不好，別人懂的事自己卻無法馬上懂，無法跟上別人而感到不想念書或心情不好。第三個是雖然沒有特別感到困擾的事，不過因為得不到成就感，而單純提出「不懂學習的意義」這個疑問。

只有第三個狀況才有討論「學習的目的」的意義，而且只有極少數聰明的孩子才會有第三個狀況的煩惱，在此先來談談第一個和第二個煩惱的解決方式。

首先是有學習之外想做的事，問他「你想做什麼呢」是解決問題的第一步，然後和他一起想想要怎麼做才能又念書又做想做的事，重要的是要滿足他想做其他事的心情。

接下來是非常不想念書的情況，此時必要的是「療癒」，往回探究一下他是從什麼時候開始討厭念書的，然後跟他說：「真苦了你呀。」聽他訴苦，這樣孩子心裡的痛苦就能獲得療癒。

這些煩惱解決了之後，來談談「學習的目的」吧。**學習是為了對社會有所貢獻，且和別人通力合作、幸福生存時，所需要的東西**。學校的學習不是全部，所有大人也是每天為了對社會上的某些人有幫助而學習著，希望父母能在家人談心時間時，聊聊這個話題，讓孩子萌生出「學習真好」的想法。

讓孩子去補習班比較好嗎？

Q

雖然現在沒有預計要讓孩子參加中學入學考試，但不讓他去補習班沒問題嗎？還有，請告訴我和補習班的相處方式。（七歲男孩）

A

請大家要有個認知，就是補習班是為了提高學力所創出來的「不自然的空間」。

老實說，在書上很難回答「讓孩子去補習班比較好嗎」這個問題，因為不清楚孩子的詳細情況，就無法給那個孩子合適的建議，因此，在這裡只能回答「普遍的情況下可以怎麼做」。

如果有考慮到中學入學考試的話，就須施點強制力讓孩子去補習班。中學入學考試補習班有一個任務，就是要讓孩子在小學六年級的一、二月時，就要學到一般學校裡學不到的知識、答題能力、答題速度、答題準確度、穩定的注意力。換句話說，所謂的補習班就是一個「讓孩子處於生長歷程上不自然狀態」的地方，為了實現不自然的事情，必須有不自然的環境，那就是補習班。

因此父母不能代替補習班，因為這樣會讓親子關係消失，這樣一想，應該就能找到和補習班相處的方式了。如果孩子因為補習班的課題而變得非常煩悶，或是被補習班施壓說：「你再不認真點，就無法考上〇〇中學了」，這時就要有危機感，認為「欸，這樣很奇怪」，必須和老師聊聊。

雖然補習班會做一些父母做不到的事，但是沒有任何補習班的價值會比家庭和孩子的人生更高，如果進行得不順利的話，就和補習班的老師談談，有必要的話，就必須幫孩子換環境，這是身為父母該盡的責任。

再者，如果「雖然不參加中學入學考試，但小學的學習內容對本人而言好像不夠」的話，選擇去上補習班也不壞。

孩子說想停掉才藝課

Q

游泳明明是她說想學才開始學的，可是才學沒多久，她卻說：「我要放棄了」、「其實我不想學」。她去游泳時看起來也很開心呀……，孩子真正的想法是什麼啊？（五歲女孩）

A

她說出「想放棄」的背後，有她自己的理由。

作為大前提，我的想法是「如果確定真的不適合，不管是開始後一週還是三天，放棄都沒關係」，這個想法於學校、才藝課、社團、打工、公司都適用。即使忍耐堅持下去，收穫也很少，既然這樣，早點換環境比較好，我是這樣想的。

只不過要實踐這個想法，就必須努力掌握孩子「真正的想法」，孩子的「想放棄」，是因為覺得不適合自己而想要放棄這種「確定的放棄」嗎？搞不好不是這樣，關於這點要存疑。

和第184頁介紹的詢問「為什麼一定要念書？」的孩子一樣，**他們之所以說出「不想做」或「想放棄」，一定有他們的理由。**是因為才藝本身很痛苦，還是有其他想做的事，還是才藝班上有頑皮的孩子所以不想去？要向本人問出他想放棄的理由。

我兒子學過空手道，在學打「型」時，都還很開心去上課，但實際開始和人對打後，就說「我討厭痛」而放棄了。雖然身為父親的我希望他繼續學下去，可是我從他說「我討厭痛」的樣子裡感受到他的真心，確實我也討厭痛，孩子有他自己的理由，有他的感受度，尊重也很重要。

孩子的感情真的很難理解，有可能上週還看起來很痛苦，這週卻哼著歌開心出門，也有可能說出來的話和表現出來的態度不一樣，所以無法立即決定真的放棄比較好嗎。聽孩子的解釋，仔細觀察他的樣子，一起想想看吧。如果因此導致換才藝學，我覺得也沒什麼不好。

為了將孩子培育成有幹勁的孩子

Q

為了將孩子培育成有幹勁的孩子，可以在家裡做什麼事呢？（五歲女孩）

A

所有的孩子都有「幹勁」。

要先傳達的是「沒有沒幹勁的孩子」這回事，只要是遇到能讓自己心動的事物，所有孩子都有幹勁。如果孩子的樣子看起來像是「沒有幹勁」的話，或許都只是大人單方面覺得「為什麼孩子不做我希望他現在做的事呢」、「明明可以早點完成的，為什麼他拖拖拉拉的」，覺得孩子沒有按照自己的步調走而不高興而已。

大家對孩子要求的是怎麼樣的「幹勁」呢？

假設把「有幹勁的孩子」想像為「對所有事都積極挑戰，勇於發言的活躍孩子」好了，但真的所有孩子都必須變成那樣嗎？

孩子的「幹勁」會以各式各樣的形式顯現出來，有安靜看書、讓思緒飄盪在作家筆下世界的「幹勁」；也有在班級的發表會時，負責在幕後協調，支援上臺的人的「幹勁」；也有可能是帶領整個團體，告訴大家「你們跟著我走」這種發揮領導能力的「幹勁」；也有為了在跳繩時跳出兩圈跳而不斷挑戰的「幹勁」。

孩子有自己想達到的目標，自己努力朝目標前進，這才是真的「幹勁」。父母只要仔細觀察孩子的樣子，發覺孩子有幹勁的事並給予關懷守護就好了。

這個問題沒有提到父母怎麼看待孩子，不過大人常會將孩子不按照自己的計畫行動解釋為「沒有幹勁」，所以在您感到孩子「沒有幹勁」時，先停下腳步，「真的嗎？」先質疑一下自己的感覺是不是正確的。

為了將孩子培育成能自己思考的孩子

Q

為了將孩子教養成能自己思考做決定的有自主性的人，父母要怎麼和孩子相處比較好？（五歲男孩）

A

想辦法減少「命令」孩子。

沒有人生來就是「等待指令」的人，也就是說沒得到別人的指令就沒辦法下判斷或行動。想想孩子到三歲左右前，會想撿起掉在地上的東西，即使跟他說「不要過來」，他還是會照樣過來吧。小時候別說他會聽指令了，反而根本不聽指令吧。然後大人花了好幾年時間把他教育成「等待指令」的人，孩子並不是自己變成「等待指令的人」或「無自主性的人」，這點要先請所有父母了解。

把孩子教育成「等待指令」的是大人的「命令」。

父母誰都沒想要「叫孩子服從」，只是在覺得「這樣下去的話，對這個孩子而言並不好，我很擔心」時，想給建議或幫助，卻變成命令。

「去那裡很危險，不准去」、「喂，不開始準備會來不及，趕快開始做」，父母的「命令」裡通常帶有「體貼的話語」，父母只記得自己「體貼的話語」的成分，完全不認為是在命令，但孩子記得的是話語裡「命令」的成分，然後就變成「等待指令的孩子」了。

為了做到不命令，在變成「非得命令不可的狀況」前，必須先給孩子「資訊」。

例如「今天的作業要幾點開始做？」「五點開始吧。」「五點開始做來得及嗎？」「嗯。」如果早上先有這樣的對話，即使當他從學校放學回家後一直玩耍，將近五點時，他會自己察覺「該開始寫作業了」而動起來。讓孩子排「孩子的時間」，是培養出自主性的祕訣。

對環境的變化感到困惑

Q

我的孩子在幼稚園時，周圍總是圍繞著很多朋友，且擔任話劇的主角，過得很悠遊自在，但是在小學教學觀摩時看到的孩子卻完全變了一個人，她完全不發言，只是靜靜地坐在位子上。面對這樣的轉變我很震驚，再過一段時間，她會習慣嗎？（六歲女孩）

A

您是不是被「應該○○」給束縛住了？

如同問題的最後一句，再過一段時間，她會習慣小學生活的，完全不用擔心。

反而需要擔心的是，父母認為「幼稚園的時候比較好，現在的狀況不好」這點。

您是不是被「我家孩子應該要和很多朋友開朗交流」這種「應該○○」

束縛住了呢？或許您心底在意的是面子問題。

如果父母繼續抱著「孩子不符合我的期待」的心情和孩子相處的話，孩子會敏感察覺到而感受到無聲的壓力。如此一來，他會漸漸觀察父母的臉色，即使遇到自己有興趣的事物，也不會天真地投入，這對孩子而言是很大的損失。

不要再把父母眼中「進行得不順利的狀態」解讀為「不好的表現」，對孩子而言，有可能單純只是他覺得「現在安靜一下比較舒服」。

孩子雖然還小，但也有他自己覺得「我想這樣度過」、「我想這樣生活」的想法，而他的想法也會隨著時間而改變。請同理現在孩子的感受，並認同吧。

結尾

本書所述的「守護教養法」，指的是父母懷抱著信心，平靜穩定地守護孩子成長的教養法。

孩子為了在「沒有正確答案的社會」裡幸福生活，需要「自我軸心」，才能自己決定對自己而言的正確答案，還有大人們也要有自信認為自己孩子現有的狀態很棒。

所以如同本書所述，仔細觀察孩子，認同這個孩子的「喜好」，對他講些正向的話，這樣孩子就能不斷延展其好奇心，培養出自我軸心。

然後在一天結束時，父母要保留一小段時間感受一下微幸福：「今天也過了一天適合我家的生活」，這種瞬間的心情累積，會讓父母培養出「身為父母的自信」。

現在教養資訊紛飛，或許會讓父母認為「只這樣做，孩子真的能確實成長嗎」而感到不安，不過沒問題的。

老實說就在我寫這本書的原稿時，很幸運地我兒子考上了他想念的學校，當然我沒給他任何「特訓」，只是貫徹「守護教養」而已，所以請放心守護孩子就好。

為了孩子的未來努力的姿態很棒，不過同時也請將目光看向幸福過著的每一天，教養孩子的腳步穩下來後，自然地今天、明天、明年都能一直過著幸福的生活。

我希望未來某一天能和各位讀者開個各個家庭的「炫耀幸福大會」，且讓我懷抱此夢想在此先擱筆，感謝各位閱讀到最後。

小川大介

推薦閱讀

【LIFE系列】

養出有力量的孩子（暢銷典藏版）

王理書／著

父母之路，也是修行之路。
回歸到愛的方式，就是最有力量的教養之道。

- 內容為心理學理論的實踐，結合了阿德勒理念的父母效能訓練，以及吉利根的自我關係療法。
- 有別於一般親職書羅列各種有效管教孩子的技巧與方法，本書紀錄作者與孩子的日常故事，親子間的對話有著生命的真實與純粹，發人省思。
- 特別設計親子互動卡，當遇到教養困境時，可依循卡片上的頁碼，翻開書本閱讀，從中汲取靈感。
- 附冥想光碟。

【LIFE系列】

陪孩子走出情緒障礙

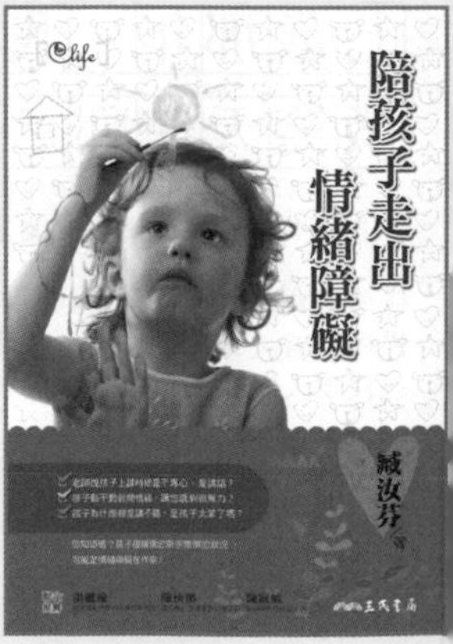

臧汝芬／著

您對孩子的情緒問題束手無策嗎？
只要有正確的治療與管教，情緒障礙兒也能快樂長大！

在兒童的心理疾病中，情緒障礙是很常見的一種，卻往往被父母與師長所忽略，以為孩子種種看似不聽話的行為，是故意搗蛋、作對。本書作者依據多年來在兒童心智科的專業看診經驗，以淺顯易懂的文字與案例，帶領父母認識兒童的情緒障礙。書中不僅分析各種情緒障礙兒童常見的症狀，並提供指引與建議，讓父母能及時掌握孩子的情緒問題，引導孩子表達和管理自己的情緒。對於為人父母與教育工作者而言，本書絕對值得一讀！

【LIFE系列】

養出孩子的正向力：從心教養，破解親子問題

王淑俐／著

面臨教養困境？希望改善親子關係？
想成為更好的父母？想養出正向的孩子？

「想成為」好父母和「是個」好父母之間有著頗大的差距。本書以真實案例告訴父母如何破除教養盲點、化解親子心結、進行正向管教、與孩子建立親密感、看見孩子的亮點；此外也提供單親家庭的教養原則，幫助單親父母在不完整的家庭下，依然能給予孩子完整的愛。

「這麼做都是為了你好」的溝通與教養方式，是無效的教養。從心出發的教養，協助家長成為剛剛好的父母，幫孩子點亮未來，養出孩子的正向力。教養，從心開始！

【Insight系列】

七歲那年，我失去了手和腳：微笑天使郭韋齊的齊跡人生

程懿貞／口述、王淑俐／編著

從生病截肢、復健到挑戰大三鐵，
從同儕霸凌到自我肯定、自信舞蹈。
一段令人揪心而敬佩的特殊兒教養史！

本書為截肢女孩郭韋齊的首本自傳，由教育博士王淑俐教授執筆，韋齊媽媽道出身障照顧者的真實自白，帶領讀者認識最真實的郭韋齊。

書中融合韋齊作為身障者的體悟、韋齊媽媽作為身障主要照顧者的經驗、王淑俐教授多年來在教育現場的觀察與了解，邀請讀者一同關注特殊教育在臺灣的處境。

國家圖書館出版品預行編目資料

守護教養法：不否定、不過度給予、不焦急，日本教育專家教你養出聰明的孩子／小川大介著;林佳翰譯.
——初版一刷.——臺北市：三民，2021
面；　公分.——（Life）

ISBN 978-957-14-7053-5（平裝）
1. 親職教育 2. 子女教育

528.2　　109019900

Life

守護教養法：不否定、不過度給予、不焦急，日本教育專家教你養出聰明的孩子

作　　者　小川大介
譯　　者　林佳翰
責任編輯　周明怡
美術編輯　陳惠卿

發 行 人　劉振強
出 版 者　三民書局股份有限公司
地　　址　臺北市復興北路 386 號（復北門市）
　　　　　臺北市重慶南路一段 61 號（重南門市）
電　　話　(02)25006600
網　　址　三民網路書店 https://www.sanmin.com.tw

出版日期　初版一刷 2021 年 2 月
書籍編號　S521160
I S B N　978-957-14-7053-5

三民書局